스무 살,
나답게
산다는 것

스무 살, 나답게 산다는 것

발행 | 2019 년 9월 1일

기획자 | 최재목
펴낸이 | 신중현
펴낸곳 | 도서출판 학이사
　　　　출판등록 : 제25100-2005-28호
　　　　주소 : 대구광역시 달서구 문화회관11안길 22-1(장동)
　　　　전화 : (053) 554~3431, 3432
　　　　팩스 : (053) 554~3433
　　　　홈페이지 : http : // www.학이사.kr
　　　　이메일 : hes3431@naver.com

ISBN _ 979-11-86577-194-1　03100

이 도서의 국립중앙도서관 출판예정도서목록(CIP)은 서지정보유통지원시스템
홈페이지와 국가자료공동목록시스템(http://www.nl.go.kr/kolisnet)에서 이용하
실 수 있습니다.(CIP제어번호: CIP2019033029)

스무살,
나답게
산다는 것

최재목 엮음

學而思 학이사

스무 살, 나답게 산다는 것

최재목

(영남대 철학과 교수, '스무 살의 인문학' 기획·편집인)

강좌, 차림의 즐거움

매년 봄이 되면, 우리 대학에서 500명의 학생들이 듣는 교양강좌 '스무 살의 인문학'을 연다.

릴레이 강연으로 이루어지는 이 강좌는 개강 전에 이미 그 내용이 기획되고 강연할 교수가 섭외된다.

이렇게 기획-섭외하는 일을 할 때마다 즐겁다. 마치 기숙사 식당에서 학생들의 식사를 위한 먹거리 재료를 고르고 식단을 정하는 일처럼 말이다. 학생들의 '건강'을 위해야 하고, 또 그들의 식성에 맞도록 '맛'도 신경써야 하니 밥상 차림이 쉽지는 않으리라. 교양강좌의 준비도 그렇다. 밥상 차림에 비유하자면, 건강이란 학생들의 '교양 수준/깊이'이고, 맛이란 '흥미/재미'이며, 재료란 '강의내용/형식'이다.

'나답게' 산다는 것

스무 살 청춘을 보는 눈은 다양할 수밖에 없다. 누군가는 희망과

용기를 가지라 하고, 또 누군가는 많이 배우고 경험하라 한다. 또 누군가는 자신의 개성을 펼치라 하고, 어디 한번 '제 맘대로=멋대로' 살아보라고 권한다. 또 누군가는 무엇을 위하여 살고 무엇이 되라고 하나 또 누군가는 '아니야, 아무나 되면 돼!'라고도 한다. 한마디로 정답은 없다. 정답을 얻으려고 사는 것도 아니다.

아니 애당초 삶에 무슨 정답이 있을까. 누가 '정답이다, 아니다'라고 판단-판정할 것인가. 그 판단-판정이 맞다는 확증은 또 어디에 있는가. 한마디로 없다! 있다고 한다면 거짓말이다.

내가 살아내는 것, 살아가는 것이 바로 스스로에게 '답' 하는 일이다. 그렇다면 답은 '각자의 삶이 보여주는=말해주는 것'일 수밖에 없다. 풀 한 포기, 나무 한 그루가 꽃을 피우고 열매를 맺으면 그것이 그 생명 '다운' 것이고, 스스로에 대한 '답'이고, 그것의 '진리'이다.

이 책의 내용들도 각기 내용은 다른 듯하나, 기성-기존의 '왈曰-설說-썰-카더라'에 휩쓸리지 말고 자신의 길을 외로워하거나 두려워하지 말고 뚜벅뚜벅 걸어가라고 권한다. 스스로가 스스로에게 스스로의 삶으로서 답을 증명해 보여주어야 함을 역설하고 있다. 어떤 삶이든 모두 다 맞고[可], 그렇다[然]. 안 맞고=틀리고=안 돼![不可]라거나, 안 그래=그래서는 안 돼![不然]라는 것은 '없다'.

경험담, 조언, 삶의 내비게이션

'나답게' 산다는 것은, 다르게 이야기하면, 나답게 죽어간다는 것이다. 그런 연습이자 각오이다.

살다가 보면 가끔 선택의 '기로'에 설 때가 있다. 나아갈 방향을 못 잡고 '갈림길'에 서서 힘들어할 때가 있다. 멍해질 때, 쫄거나 방황할 때, 영 갈피를 못 잡고 정신적 경련[mental cramp]을 일으킬 때, 조용히 인생을 앞서간 사람들＝선배들의 이야기를 들어보는 것도 좋겠다. 그 가운데서 삶의 지침이 될 목소리＝언어를 만난다면 행운이리라.

같은 인간이기에, 내가 겪을 시절들을 미리 겪었기에, 내게 도움이 될 '경험담', '조언'을 조금이라도 들을 수가 있기 때문이다. 그럴 수 있다면, 그 경험담, 조언은 내 인생의 네비게이션이 될 수 있으리라.

인생을 앞서간 사람들＝선배들의 글 속에서, 그들이 걸었던 발자국을 잘 상상해보는 것도 흥미로울 것이다. 아니 그런 눈을 가지면 좋겠다. 남들이 걸어간 길 위에서, 그들 발가락의 힘이 들어간 곳, 그런 근육을 움직였던 생각, 미끄러지거나 헛디뎠던 발의 방향을 발견하는 안목이 생긴다면 더 재미가 붙을 것이다.

물론 선배들의 말을 믿지 않고, 나 자신을 더 믿는다면 더 할 말은 없다. 사실 그것이 좋을 때도 있다. 젊은 시절에는 그런 도전의식, 비판력, 배짱도 필요하다.

책의 구성 내용
이 책은 열한 분의 강의로 이루어졌다.

박홍규 / 청춘에게 고함
백승대 / 미래 사회 우리가 꼭 알아야만 할 것들
박일우 / 교양의 의미
허재윤 / 청춘의 노랫가락
김훈호 / 중국인들의 농담과 웃음

남정섭 / 영화로 보는 미국의 미래
최문기 / 젊음, 건강을 챙기자
임병덕 / 일상에서 찾는 삶의 비전들
함성호 / 세상의 설계로서 건축
이 현 / 저 넓은 곳으로
박철홍 / 나답게 산다는 것

　위에서 보듯이 내용은 인문예술만이 아니라 사회과학, 자연과학의 여러 분야에 걸쳐 있다. 그러나 모두 스무 살 청춘들에게 '나답게' 살아가는 조언에 초점이 맞춰져 있다.
　이 책을 읽고 생각의 근육을 기르고, 각기 걸어갈 길의 지도, 이정표를 생각해볼 수 있다면 다행이다.

　*

　우선 강연을 해주시고 이 책이 결실되도록 흔쾌히 원고를 제공해주신 모든 선생님들께 깊이 감사를 드린다. 또한 이러한 강의 결과물이 나오기까지 이 강좌진행을 도와준 영남대 철학과 대학원생 장귀용 군, 장성원 군, 그리고 학부생 서승완 군에게 감사를 드린다.
　아울러 어려운 경제적 여건 속에서도 기꺼이 원고를 받아 《스무살, 나답게 산다는 것》이라는 좋은 책으로 다듬어주신 학이사 신중현 사장님과 편집자 여러분께 감사를 드린다.

2019년 9월 1일
최재목 적다

차례

박 홍 규

청춘에게 고함

전 영남대학교 교양학부 교수.
현재는 초암평화사상연구소
를 설립하여 간디, 톨스토이,
마틴 루서 킹의 평화 사상을
연구하는 데에 주력하고 있다.
지금까지 150권이 넘는 책을
쓰거나 번역했다.

여러 가지가 어려울수록 보다 넓고 깊은 인문학적 성찰이 필요합니다. 나라의 정치에 대해서도 그렇고 개인적인 삶에 있어서도, 미래의 설계에 있어서도 보다 인문학적인 성찰을 하는 것이 필요합니다.

제가 여러분들한테 할 이야기가 많습니다만, 여러 가지 이야기 중에서 오늘은 최근 우리나라에 정치적인 이슈 몇 가지를 인문학적으로 생각해보는 시간을 가지도록 하겠습니다. 여러분, 청춘, 청년이라는 말은 지금 여기에 계신 여러분들을 일컫는 말입니다. 여러분들 자신도 지금 나이, 시절에 대해서 의미를 잘 모를 수도 있다고 생각합니다. 19세기 미국 시인 롱펠로는 "청춘은 단 한 번밖에 오지 않는다."라고 말했습니다. 당연한 말입니다만, 지금 여러분들의 시기가 참으로 귀하고 소중하다는 의미에서 다시 한 번 음미해 볼 필요가 있습니다. 또 러시아의 소설가 고골리는 "청춘은 미래가 있다는 것만으로도 충분히 행복하다."라는 말도 남겼습니다.

　이 두 사람의 이야기를 우선 소개해 드리는데요. 보통 '인문학'이라는 것은 문학, 철학, 사학을 말합니다. 그러나 좀 더 넓게 보면 인간문제, 인생문제, 여러분들이 살아가는 문제, 여러분들이 세상을 바라보는 관점의 문제, 이 모든 것을 포함하는 것이 인문학이라고 저는 생각합니다. 오늘 스무 살의 인문학이라는 것은 말하자면 청춘의 인문학, 청년의 인문학이라고 할 수 있습니다. 생애에서 가장 찬란하고 가장 아름다운 나이에 세상을 어떻게 바라볼 것인가가 굉장히 중요합니다. 왜냐하면, 백세시대인 지금, 여러분이 앞으로 80년 정도의 시기를, 찬란한 미래를 창조할 수 있는 시간이 지금입니다. 지금 여러분이 인문학적인 소양을 가진다면 앞으로 세상을 어떻게 살아가고, 자신의 삶을 어떻게 이루어 나갈 것인가 하는 생각을 할 수 있습니다. 그래서 지금 여러분들의 시기가 인문학적인 소양을 가져야 하는 매우 중요한 시점이라고 할 수 있습니다.

17세기 스웨덴 정치가 '옥센셰르나'는 다음과 같은 유언을 남겼다고 합니다. "내 아들아, 이 세상을 얼마나 하찮은 자들이 다스리는지 똑똑히 알아 두거라." 제가 이 말을 여러분들한테 소개하는 이유는 현재 우리나라의 상황을 마치 예언한 듯해서입니다.

여러분들이 앞으로 우리나라의 중추가 되고, 지성이 되고, 지도자가 되고, 리더가 될 사람들인데 10년, 20년, 30년 후에 여러분들이 우리나라의 사회를 움직여 갈 때, 주도할 때 여러분들은 아마 지금 이 시대의 많은 문제점을 충분히 극복을 하고 더 나은 나라, 더 나은 조국을 건설할 수 있고, 여러분들의 후세에 물려줄 수 있는 자랑스러운 지도자가 되기를 바라는 마음으로 몇 가지 정치적인 주제를 가지고 최근에 우리가 겪었던 이야기들을 곁눈으로 보지 말고, 또는 단순한 분노같은 감정으로 보지 말고 이것을 어떻게 인문학적으로 해석하는가, 성찰해보는가 하는 이야기를 여러분들과 하고자 합니다.

여러분 혹시, '판도라'와 '라라랜드' 두 영화를 보셨습니까? 먼저 판도라. 판도라 이야기는 다들 아시죠? 판도라는 인류 최초의 여성입니다. 우리는 보통 아담과 이브를 최초의 인간으로 보지만 그리스 신화에서는 판도라가 최초의 여성입니다. 이 최초의 여성이 신으로부터 상자를 받게 됩니다. 그 상자에는 인간사의 비밀이 숨어 있었는데 이 상자를 열게 됨으로써 여러 가지가 날아가게 됩니다. 그런데 상자를 닫은 후 모든 해악은 풀려나오지만 희망은 나오지 못하게 됩니다. 판도라 영화는 우리나라에 지진이 발생하면서 원전이 폭발하고 무능한 대통령 때문에 사고를 원활히 해결하지 못해서 고충을 겪는 내용입니다.

그 당시 최순실 사태가 발생을 했고 이 영화가 공교롭게도 그 시점과 비슷하게 개봉이 되었습니다. 하지만 이 영화는 현실의 문제가 발생하기 훨씬 전에 영화로 제작되었기 때문에 제작자들은 그러한 현실 문제를 전혀 예상하지 못했습니다. 그럼에도 불구하고, 우연의 일치인 양 그 당시 우리의 현실을 비춰주는 이야기가 되었습니다.

다음으로 영화 라라랜드. 라라랜드는 꿈의 이야기입니다. 이 영화도 황당한 꿈의 이야기만은 아닙니다. 어렵고 절망스러운 상황에서 살아가는 젊은 청춘들이 사랑을 통해서 서로를 개발해 주고, 북돋아 주어서 훌륭한 예술가로 성장해 나간다는 이야기입니다.

판도라는 제가 생각하기에 슬픈 결말, 라라랜드는 주인공이 꿈을 이루게 되는 해피엔딩이라는 점에서 두 영화는 우리에게 대조적으로 비춰졌습니다. 라라랜드에 나오는 OST 중 "이 세상에 내가 너무 초라하고 외롭고 볼품없어 보이지만, 나는 꿈을 가지고 이상을 가지고 내 꿈을 펼칠 거야."라는 내용의 노래를 여주인공이 부릅니다. 저는 이 OST를 가장 좋아해서 여러분에게 소개를 드립니다. 여러분들도 지금 취업, 공부 등 문제가 많을 것인데 이 노래가 여러분에게 힘이 되었으면 합니다.

지금 우리가 겪고 있는 문제에 대해서(박근혜 전 대통령 파면, 최순실 국정농단 사건) 인문학을 아는 스무 살의 청춘으로서 이 문제에 대해서 무엇이 문제였고 무엇이 필요한가, 어떻게 생각할 것인가를 인문학적으로 성찰해 보는 시간이 되기를 바랍니다. '내 꿈이 이루어지는 나라' 라는 슬로건을 걸고 4년 전에 대통령에 당선된 박근혜 전 대통령을 4년 만에 국민이 파면시켰습니다. 대통령이 여러 가지 잘못한 게 있으니 파면이 되었지만, 과연 대통령 한 사람만의 잘못이었나, 무엇이 어떻게 되어서 파면까지 가야 했나 하는 문제에 대해서 우리는 성찰할 필요가 있습니다. 그것을 통해서 여러분들의 인문학적 조예와 시각이 좀 더 깊어지고 넓어지기를 바랍니다.

여러분, 우리는 지금 '헬조선' 이라는 말을 사용합니다. 이것은 없어져야 할 말이지만 우리 현실에 등장한 단어이기 때문에 우리가 생각할 필요가 있습니다. '워싱턴포스트' 에서 2016년 1월 31일 기사에 "Young South Koreans call their country 'hell' and look for ways out." 이라는 내용이 실렸습니다. 잠시 제 아들 이야기를 하자면, 제 아들이 서울에서 대학을 다니다가 미국으로 유학을 떠났습니다. 저는 대학 졸업 후 한국으로 돌아오라고 했지만 아들은 한국에 돌아올 생각을 하지 않고 있었습니다. 왜 한국으로 돌아올 생각이 없는가 왜 유학을 가게 되었는가 하는 것을 아들에게 이야기해보았습니다. 이 부분에 대해서는 여러분들도 생각하는 것들이 많을 것입니다. 여러분들도 잘 알고 계실 것입니다. 여러분들 중에도 한국을 떠나고 싶다는 생각을 해 본 분도 계실 것이고, 외국에 나가서 살고 싶다는 생각을 가진 분들도 계실 것입니다.

저는 80년대 하버드 대학을 다니면서 미국에 살았었는데, 그당시 한국 교수님들은 한국 유학생들한테 미국에 살지 말고 한국으로 돌아가라고 이야기를 했습니다. 제 주변 교수님들은 미국 학교에 자녀들을 입학시키고, 미국에서 계속 공부를 시키고 자신은 한국으로 돌아가서 기러기 아빠가 되는 분들을 정말 싫어했었습니다. 그 당시 저는 미국에서 살려고 하는 많은 분들을 한국으로 불렀습니다. 그래서 제 아들도 한국으로 돌아오라고 했었습니다. 하지만 저는 작년 연말에 처음으로 후회를 했었습니다. 그뿐만 아니라, 제 평생 처음으로 '이민을 가겠다.'라는 생각을 했었습니다.

그러나 박근혜 전 대통령 파면 당시에 생각을 고쳤습니다. 그래도 대한민국에 희망은 있다고 생각했습니다. 제가 이민을 가려고 생각했던 나라는 우리나라 지구 반대편에 있는 우루과이였습니다. 제가 우루과이에 가려고 한 이유는 우루과이 전 대통령 무히카라는 사람 때문이었습니다.

이러한 대통령이 있는 나라라면 살만한 가치가 있지 않을까 해서였습니다. 저는 우리나라에도 이런 대통령이 나오기를 바랍니다. 저는 우리나라 대통령이 우루과이의 무히카 같은 대통령이기를 바랍니다. 또한 여러분들이 10년, 20년 뒤에 우리 사회의 중추 지도자가 될 때에는 이런 대통령들이 많이 있기를 바랍니다. 저는 왜 우리나라는 무히카 같은 대통령을 갖지 못할까, 뽑지 못할까 하는 문제를 인문학적인 관점으로 심각하게 고민해 본 적이 있습니다.

우루과이 전 대통령 무히카와 프란치스코 교황은 가난한 사람들에 대한 애정이 남달랐습니다. 자신들도 굉장히 검소하게 살았습니다. 제가 생각하기에 지도자의 가장 중요한 덕목이라고 생각합니다. 그리고 두 사람의 공통점은 물질주의를 배척했습니다. 물질, 경제가 아닌 인간의 정신, 인간의 삶이 훨씬 더 중요하다고 주장을 했습니다. 특히 가난한 사람과 함께 나누는 세상, 공생하는 세상, 더 이상 돈을 숭배하지 말고 돈의 노예가 되지 말고 보다 인간다운 세상을 만들자고 외칠 수 있는 대통령, 이런 대통령을 우리도 뽑을 때가 되지 않았는가, 이런 지도자가 지금 우리에게 필요하지 않나 생각합니다.

이 두 사람이 강조하고 있는 최근의 가장 중요한 가치는 환경 보호의 문제입니다. 판도라 영화는 단순히 보고 넘길 영화가 아닙니다. 제 생각에는 영화의 내용과 같은 문제가 곧 일어날 수 있다고 생각합니다.

지금 우리나라에 지진이 자주 발생합니다. 2017년에만 80회 정도의 지진이 발생했습니다. 더 이상 우리나라는 지진의 안전지대가 아닙니다. 또 지진뿐만 아니라, 많은 환경적 요인들이 심각한 문제가 되고 있습니다. 그리고 봄이 되면 황사에 고통을 받습니다. 우리는 흔히 중국에서 불어오는 바람 때문에 황사가 생긴다고 생각합니다. 하지만 이뿐만 아니라 황사의 가장 큰 요인은 우리나라에서 발생되는 배기가스 때문입니다. 좁은 나라에 차가 너무 많고, 공기를 악화시키는 공업적, 상업적인 요인들이 너무 많습니다.

환경의 문제는 생명의 문제이고 인권의 문제, 더 나아가서 자연 보호의 문제, 자연 유지의 문제입니다. 무히카 전 대통령의 말씀 중에 "나는 조금 더 떳떳한, 조금 더 부끄럽지 않은 나라를 갖고 싶다. 무엇보다 그것이 먼저다."라는 말을 했습니다.

제가 이 말을 소개해 드리는 이유는 지난 몇 주간 해외에 있는 지인들에게서 많은 연락이 왔었습니다. 지금 대한민국에서 일어나는 일에 대해서 많이들 물어봤습니다. 그런 연락을 받으면서 저는 굉장히 부끄럽고, 창피했습니다. 저는 아직까지도 이 부끄러움을 떨칠 수가 없습니다. 저는 지금도 여러분들에게 미안한 마음이 큽니다. 지금 지도자들의 자리에 위치한 저와 비슷한 연배의 사람들이 이런 나라, 이런 정치를 한 것에 대해서 책임을 져야 할 것들이 많습니다. 정말 부끄럽고, 창피하고, 답답하다는 생각을 많이 했습니다. 이런 일이 두 번 다시 일어나지 않게 하기 위해서는 위에 말한 두 명의 사람들과 같은 지도자가 많이 나와야 하고, 떳떳한 나라가 만들어져야 한다고 생각합니다.

정치가가 무엇일까요? 정치가가 무당입니까? 사기꾼입니까? 거짓말쟁이입니까? 우리는 이런 고민을 한 사람이 없습니다. 정치가는 사실은 돈? 정경유착? 국민대표? 엘리트입니까?

김기춘의 말 중에 '우리가 남이가?', 자기들 끼리끼리 해먹는 정치의 대표적인 표어입니다. 소위 '진영논리'라는 말이 있습니다. 적과 동지, 너는 적이고 적은 무조건 나쁜 놈인 적과 동지의 논리, 진영논리라고 합니다. 흔히 우리나라에서 진보, 보수, 좌파, 우파 이런 편 가르기식의 정치는 정말 없어져야 합니다. 이런 정치를 버리지 않으면 대한민국에 장래는 없습니다. 분파와 지역, 사회, 세대분단의 갈등을 없애지 않고서는 우리나라의 참다운 정치가 있을 수 없습니다.

이번 시간이 인문학 수업이기 때문에 인문학자 한 명을 인용하겠습니다. '막스 베버'라는 사람이 있습니다. 이 사람은 참된 정치가가 가져야 할 세 가지 덕목을 이야기한 적이 있습니다.

첫 번째, 정열입니다. 이상을 향해 나아가는 강한 의지가 필요합니다. 지금 그대로 좋다고 한다면 정치는 불필요하고, 개혁을 향한 정열이 있어야만 한다고 했습니다.

두 번째, 판단력입니다.

저는 우리나라의 대통령 중에 정열이 있었던 사람은 많이 있었을 것 같습니다. 아마도 박근혜 전 대통령도 정열이 있었을 겁니다. 최순실에 대한 정열. 그러나 제가 가장 아쉬워하는 것은 판단력입니다. 자기만족과 비판거부가 아닌 냉정한 현실 분석과 결과 선택의 사고가 있어야 합니다. 말이 어려울지도 모릅니다만 대단히 중요한 이야기입니다. 꼭 정치가만이 아니더라도 이세 가지 덕목은 우리 모두 가져야 할 덕목입니다. 특히 여러분들은 20년, 30년 후에 우리나라의 리더가 되어야 할 사람들이기 때문에 이 세 가지 덕목에 대해서 고민해볼 필요가 있습니다.

세 번째, 책임감입니다. 저는 아마도 책임감이 세 가지 덕목 중에 가장 중요한 것이 아닌가 생각합니다. 보신의 거부. 자기 신상의 안전을 거부한다는 겁니다. 그야말로 자신의 보신에 그치지 않고, 해야 할 일을 수행해 나가는 정치. 그런데 우리나라의 정치, 특히 오늘날의 정치는 무책임의 전형이 아니었는가. 책임지는 모습을 정치가가 왜 보여주지 못하는가? 여러분, 대통령은 사실은 우리 모두가 뽑은 것이고, 우리 모두와 같은 심정으로, 우리보다 훨씬 더 나은 자격으로 나라를 이끌어가야 할 사람입니다.

저는 최근 3, 4개월 동안 대통령을 뽑는 교육을 초등학교 때부터 가르쳐야 하지 않을까 생각했습니다. 제가 90년 초반에 독일의 대학에 몇 달 가 있었는데 그때 제일 감명 깊었던 것이 독일에는 조그만 마을 시, 군, 구, 읍, 면 그런 동네를 가도 국민교육정치센터라는 것이 어디에나 있고, 민주주의 교육, 토론 교육을 초등학교, 교회, 종교단체 등에서 하고 있는 것을 봤습니다. 초등학교에 가서 제가 놀란 것은 그때 독일 수상 선거를 하는데, 초등학교 학생들이 투표권은 없지만 모의 투표를 하는 것을 봤습니다. 깜짝 놀랐습니다. 대통령, 국회의원 선거 때 초등학교 학생들이 자기 지역의 후보들을 놓고서 토론을 벌인다? 이런 경험이 있습니까?

학창시절 때 국회의원 선거, 대통령 선거 후보자들에 대해서 토론을 해본 적이 있습니까? 여러분들이 그런 토론을 해 봐야지 훌륭한 시민으로서 훌륭한 대통령을 뽑을 능력이 길러진다고 생각합니다. 제가 나중에 정치시민 교육 책들을 보니까 서양에서는 시민정치교육을 일반 사회적인 차원에서도 물론이거니와 여러 학교 차원에서도 그런 모의 교육을 실제로 많이 한다고 합니다.

얼마 전 대통령 선거에 선거 연령 인하 문제가 이슈로 떠오른 적이 있습니다. 만 18세 이상이 투표하는 문제. 지금 우리나라에 만 18세가 60만, 70만이 됩니다. 지금 OECD 국가는 물론이거니와 세상의 100여 개 나라에서 선거 연령이 만 18세입니다. 대한민국은 몇 년 전에 만 19세. 그런데 대통령 선거에 만 18세 이상으로 인하하자는 말이 있었는데 정치가들 중에 반대하는 사람이 있어서 물 건너가는 것 같습니다.

저는 이제는 젊은 정치가 필요하다고 생각합니다. 늙은 정치가가 아니라 젊은 정치가가 나와서 젊은 정치를 해야 한다고 생각합니다. 우리나라에도 30대, 40대의 젊은 대통령이 나올 필요가 있습니다. 여러분들이 미래 세대이고 앞으로 우리나라를 책임져야 될 세대인데 보다 정치가 젊어질 필요가 있다고 생각하는 겁니다.

마틴 루서 킹에 대해서는 잘 아시죠? 넬슨 만델라 대통령, 이런 사람들이 아까 말한 세 가지 덕목을 충족시키는 대표적인 인물입니다.

지금 헬조선 이야기를 조금 전에 이야기하다가 그만뒀습니다만, 여러 가지 할 이야기가 많지만 시간이 없으니 지나갑시다. 아무튼 그냥 뭐 헬입니다. 그죠? 헬이 아니기 위해서 앞으로 어떻게 해야 하는가에 대해서 이야기하겠습니다. 중국에 '루쉰'이라는 소설가가 있습니다. 이 사람이 '처음부터 길이었던 길은 없다.'라는 말을 했습니다. 나라의 운명이 얼마 전까지 절망적이었던 것처럼 혹시 여러분들 찬란한 청춘임에도 불구하고 여러 가지 걱정으로 고민이 많다면 이 말을 기억하시기 바랍니다. "희망이란 본래 있다고도 할 수 없고 없다고도 할 수 없다. 그것은 마치 땅 위의 길과 같은 것이다. 본래 땅 위에는 길이 없었다. 걸어가는 사람이 많아지면 그것이 곧 길이 되는 것이다." 우리나라의 미래, 자신의 장래에 대해서 이 말을 생각해 보시기 바랍니다.

　제가 여러분들에게 꼭 부탁드리고 싶은 이야기는 인문학은 문학, 철학, 사학, 동서양의 고전의 책을 읽고 그 사람들의 좋은 이야기만 듣는 것에서 끝나지 않습니다. 그들이 여러분의 삶에 그야말로 피와 살이 되고 도움이 돼야 합니다. 여러 가지로 여러분들이 바쁘지만 정치에 대해 진지한 관심을 가지지 않으면 우리의 미래는 없다, 여러분 세대의 정치적 무관심이 큰 걱정이기 때문에 여러분들에게 정치에 대한 관심을 촉구하는 바입니다. 서양의 사례를 이야기했지만 우리나라 교육의 문제 등 여러 가지 문제가 있습니다. 선거 연령도 낮출 필요가 있다고 생각합니다.

정치라는 게 일반인과는 무관하다고 생각하는 엘리트주의. 높은 위치에 있는 사람들(엘리트)이 우리나라의 정치를 망치다시피 했는데 그렇게 된 이유 중에 하나는 엘리트주의입니다. 보통 사람들은 정치 같은 거 몰라도 되지, 알 필요도 없지, 정치는 엘리트들이 한다, 뛰어난 사람들이 한다는 엘리트주의가 지배하고 있는 현실 때문에 지금과 같은 문제가 생긴다고 봅니다. 우리가 보통 인문학이라고 하면 동양의 공자, 서양의 소크라테스, 플라톤 등 이렇게 이야기를 시작하는 경향이 있습니다. 그런데 주의할 필요가 있는 게 이 사람들은 사실은 엘리트 정치, 엘리트주의를 주장했던 사람들입니다. 반드시 민주주의자라고는 이야기할 수가 없죠. 이런 사람들은 우리가 비판적으로 생각해 볼 필요가 있습니다.

우리가 고민해봐야 할 문제가 여러 가지가 있는데 자살의 문제, 자살률이 세계에서 가장 높은 것으로 나옵니다. 이 문제를 여러분에게 말씀드리고 싶었던 이유는 혹시 만에 하나 자살이라는 것을 고민을 해 본 사람이 있다면 제발 그러면 안 됩니다. 헬조선이라는 말을 하면서 자살률도 높아지고 있기 때문에 여러분들에게 당부를 드리는 바입니다.

결론을 말씀드리자면 여러 가지가 어렵다. 나라도 어렵고, 여러분들의 삶도 고달프고, 근데 이럴수록 보다 넓고 깊은 인문학적 성찰이 필요하다. 나라의 정치에 대해서도 그렇고 여러분들

의 개인적인 삶에 있어서도 미래의 설계에 있어서도 보다 인문
학적인 성찰을 하는 것이 필요하다는 의미에서 말씀을 드렸습니
다. 무엇보다도 부끄럽지 않고 당당한 미래 나라의 모습을 만들
수 있게 여러분 청춘들이 진지하게 고민해 주시기를 바랍니다.

백 승 대

미래 사회
우리가 꼭
알아야만 할
것들

영남대학교 사회학과 교수.
경북대학교에서 사회학을 전
공했다. 사회복지법인 함께하
는마음재단 후원회장을 역임
했으며, 주요 저서로는 『북한
체제의 이해』, 『정보사회의 이
해』, 『알기 쉬운 사회학』 등이
있다.

적극적으로 자신이 계속 학습하고, 창의적인 사고를 하고, 새로운 길을 모색하고, 선택을 해서 과연 어떻게 사는 것이 앞으로 인생을 살아가는 데 도움이 되는지에 대해서 한번 생각해보는 시간이 되길 바랍니다.

반갑습니다. 오랜만에 많은 청중들이 모이신 가운데 강의를 하려고 하니깐 가슴이 떨립니다. 여러분께서 잘 봐주시고, 오늘 하는 이야기는 저도 잘 모르는 이야기인데 저보다 여러분들이 더 오래 살아야 하니깐, 앞으로 아마 여기 계신 20대 청춘들은 70년 더 살아야 하지 않나 생각합니다. 저는 많이 살면 30년, 적게 살면 20년 살면 죽게 될 것입니다. 하지만 여러분들은 제 생각에는 90세까지는 그냥 살고, 100살 이상까지 사는 사람들이 많이 나올 것입니다. 예를 들어 장기를 교체해서 심장, 폐, 간 등을 바꾸는 사람들이 엄청 많이 나올 것입니다.

우리가 30년 동안 바뀔 미래를 예측한다는 것은 불가능한 일이지만 선무당이 사람 잡는다고, 제가 여러분께 예측을 해서 이야기한다는 것이 난센스입니다. 우리가 미래 사회를 예측하는 것은 뜬구름 잡는 이야기일까요? 제가 돌이켜 생각해보면 1980년도에, 이것은 여러분들에게 해당되는 이야기는 아닙니다. 제 교육 철학이 가능하면 여러분이 태어나기 이전의 이야기를 하지 않는다는 것인데 오늘은 어쩔 수 없이 해야겠습니다.

　제가 30년 전의 이야기를 하면 여러분들은 전혀 상상이 안 되시죠? 제가 이 이야기를 왜 하냐 하면 1960년대 초, 중, 고등학교를 다닐 때 1940년도 해방 이후 20년이 채 지나지 않은 시간이었습니다. 그때 선생님들께서 해방을 이야기하면 임진왜란 때 이야기인가? 이런 생각이 들 정도였고, 여러분들도 역사 시간에 배우셨겠지만 우리가 일제로부터 36년의 시간동안 억압을 받았습니다. 지금 생각하기에 '36년이란 시간이 굉장히 길구나' 하는 생각을 했었는데, 막상 지나고 보면 36년이 그냥 지나갔습니다.

　여러분들은 상상이 가시지 않겠지만 1982년에 제가 영남대에 온 지 무려 36년이 됐습니다. 그 시간이 불과 눈 깜짝할 사이에 지나갔는데 여러분들한테는 아주 긴 시간이죠? 근데 그 36년 동안 일어난 변화를 생각해보면 상상하기가 힘들 정도입니다. 왜냐하면 제가 처음 왔을 때 강의 자료를 준비하기 위해서 타자기로 타이핑을 했습니다. 복사기도 제대로 안 되고 인터넷 또한 없는 시절이었습니다. 하지만 그 후 30년 동안 엄청나게 변화를 해왔습니다. 그래서 여러분들이 '30년 후의 모습은 어떤 모습일까?' 생각하는 것은 상상하기 힘들 것이라고 생각합니다. 이런 생각 때문에 미래 사회를 예측하는 것이 여러분들에게 건방진 것이 아닌가 생각합니다. 속된 말로 하나도 잘 알지 못하면서 여러분들에게 미래 사회를 이야기한다는 것이 건방져 보일 수도 있습니다.

유발 하라리의 책 한 권을 소개할까 합니다. 이스라엘의 예루살렘에 있는 대학의 교수입니다. 『사피엔스』라는 책을 써서 세계적으로 유명한 사람이 되었습니다. 원래는 영국의 옥스퍼드 대학에서 중세 전쟁의 역사에 관한 논문으로 박사를 받았습니다. 그 이후에 인류의 기원과 미래, 진화에 대한 책『사피엔스』를 써서 세계적으로 알려졌습니다. 무려 500만 권의 책이 팔렸습니다. 여러분들도 혹시 시간이 되면 도서관에서 책을 빌려 읽어보시기 바랍니다. 인류의 시작부터 미래에 어떻게 전개될 것인가에 대해 써놓았습니다. 그래서 이 책을 읽는 것이 제 강의를 듣는 것보다 더 낫지 않을까 생각해봅니다. 왜 그런가 하면 유발 하라리는 세계적인 학자인데 저는 로컬 수준의 학자밖에 되지 않는다고 생각합니다. 그래서 제가 예측하는 것이 유발 하라리가 예측한 것보다 더 안 맞을 수 있다고 생각합니다. 그런데 또 한편으로 생각하면 유발 하라리가 예측한 것이 맞겠나? 이런 생각도 듭니다. 그래서 여러분들이 책을 읽어보고 참고할 만한 것들을 골라 참고하시면 되겠습니다.

유발 하라리가 작년 우리나라에 와서 '인류에게 미래는 있는가?'에 대한 주제를 가지고 강의를 한 적이 있습니다. 인류의 미래를 예측해 봤을 때 다종다양한 모습이 나타날 것입니다. 예를 들어, 여러분들이 30년 뒤에 장기가 손상을 입었을 때, 폐, 위,

간, 신장 등 이런 것들을 인공적으로 다 바꿀 수 있지 않을까? 만약에 인공적으로 바꿀 수 있다면 수명은 계속해서 연장될 것입니다. 그렇게 되면 120살까지 사는 것도 문제가 없지 않을까 생각합니다.

그래서 이제 우리 한번 생각해보겠습니다. 나의 미래의 모습에 대해서 여러분들은 생각을 해봐야 합니다. 스무 살의 인문학을 주관하신 최재목 교수님이 저한테 이야기하신 것은 학생들이 질문을 많이 할 수 있도록 유도하고 질문을 많이 하는 것이 중요하다고 하셨습니다. 많은 질문과 그에 대한 대답들로 이루어지는 것이 굉장히 중요하다고 하셨습니다. 제가 생각할 때 여러분들이 질문을 많이 안 할 것 같습니다. 하지만 우리가 미래 사회를 살기 위해서는 질문을 잘해야 합니다. 그래서 여러분들이 강좌를 수동적으로 듣는 것보다는 많은 질문을 할 수 있게 생각을 많이 해보시기 바랍니다.

우선 내가 생각한 대로 나의 미래를 만들어 갈 수 있는가? 내 앞으로의 장래를 만들어 갈 수 있는가 하는 것입니다. 그다음 30년 후 나의 모습을 예측할 수 있는가? 여러분들이 지금 20대이니 50대 중반부터 60대에 여러분들이 어떤 모습일까 생각하는 것입니다. 세 번째 30년 후 나는 어디에서 살고 있을까? 아마 이 가운데 많은 사람들이 대구에 살지 않을 것입니다. 그리고 이 가운데 많은 사람들이 한국에 살지 않을 가능성이 큽니다. 제가 이런 이야기를 하면 이렇게 생각하시는 분이 계실 겁니다. 나는 영어도 못 하고, 다른 언어도 못 하는데 한국 말고 어디 가서 살 수 있을까? 하지만 제 생각에 30년 후에 외국 나가서 사는 사람들이 엄청 많을 것이라고 생각합니다. 그래서 30년 후 내가 어디에서 살고 있을지에 대해서 생각해보시기 바랍니다.

마지막으로 빛의 속도로 이루어지는 기술 변화에 대해서 생각하는 것입니다. 이세돌 바둑 기사와 알파고의 바둑 대결에서 결과는 알파고가 이겼습니다. 사실 이세돌이 이길 가능성이 많다는 분석이 나왔었는데 참패를 하고 말았습니다. 이 사건을 통해서 인공지능의 발전이 우리 사회에 어떤 영향을 미칠까, 우리 인간의 영역에 대해서 나름대로 통제권을 가질 수 있을까 하는 부분도 걱정이 되고 그렇게 되었을 때 나의 모습, 나의 생활이 어떻게 바뀔 것인가 하는 부분에 대해서도 여러분들이 생각해 볼 문제입니다. 이런 생각들을 해보시면 오늘 제가 이야기하는 것과 연관성이 있을 것이라고 생각합니다.

우선 여러분들의 삶을 좌우하는 데 지금 제일 큰 화두는 제4차 산업혁명이지만 그 전에 세계화라는 것이 있습니다. 세계화에 대해서 생각해보겠습니다. 지금 미국에 트럼프 대통령이 당선되고 미국 우선주의를 내거는데 저는 개인적으로 판단하는 것이 있습니다. 세계사에는 큰 흐름이 있습니다. 큰 흐름이 있으면 중간에 반동이 오게 됩니다. 대표적인 것이 민주주의가 올 때 프랑스에서 1789년에 프랑스 혁명이 일어나고 나서 얼마 지나지 않아 반동이 일어났습니다. 나폴레옹이 등장해서 다시 왕정으로 돌아갔습니다. 민주주의에서 왕정으로 돌아가는 모습을 보였습니다.

그러나 궁극적으로는 '민주적으로 가는 거다.'라고 생각할 수 있듯이 지금도 세계화의 큰 흐름 중에 반동적인 흐름도 나타나고 있습니다. 제가 보기에 대표적인 것이 트럼프입니다. '트럼프는 세계화의 흐름 속에 하나의 반동이지 그것이 근본적으로 반동을 바꾸어 놓을 수 있는 것은 아니다.'라고 개인적으로 생각합니다. 예를 들어 좀 전에 얘기한 유발 하라리가 "민족주의나 국가주의는 하나의 반역 행위다.", 다시 말하면 '이기주의다.'라고 이야기했습니다. 우리가 세계 공동 사회로 생각해보면 민족의 이익이나 국가의 이익을 내세우는 것은 바른 방향이 아니다. 이렇게 볼 수 있습니다.

최근에 국사 국정 교과서에 대해서 반대하는 입장이 강하게 나타났습니다. 저는 이 부분에 대해서 여러 가지 생각을 하고 있습니다. 첫째는 제 개인적인 생각으로 국정 교과서에 반대하는 사람들의 입장에 대해서 꼭 찬동하는 것은 아니고, 그 사람들에게도 문제점은 가지고 있습니다. 어떤 입장에 대해서 강조하고 있기 때문입니다. 그런데 기본적으로 나라의 역사를 국가에서 정해서 가르친다는 것은 세계화의 추세에 맞지 않다고 생각하니다. 어떤 점에서 보면 세계사 속에서 국사를 가르치는 것이 보다 중요한 문제가 아닌가 생각했습니다.

어쨌든 세계화라는 것은 제가 보기에 바꿀 수 없는 큰 흐름이라고 생각합니다. 그래서 세계화가 우리에게 주는 것이 무엇인가 하면 우리가 한곳에 정착해서 살지 않고 계속 이동해서 산다는 것입니다. 제가 깜짝 놀란 이야기가 있는데, 여기 앉아 계신 여러분 가운데도 그럴 수 있습니다. 예를 들어, 저와 같이 해외에서 공부를 해본 경험이 없는 사람들은 밖(해외)에 나갔을 때 외국어로 대화하는 데 상당한 어려움을 겪는다고 생각합니다. 대충 손짓, 발짓해서 대화는 하지만 자유롭게 하지 못하는데 답답함이 많을 것입니다. 그런데 깜짝 놀란 것은 우리 아들 세대는 해외여행을 자유롭게 다닌다는 것입니다.

제가 2년 전에 프라하, 오스트리아 비엔나, 잘츠브루그, 헝가리 등등 다녀봤는데 혼자서 여행 다니는 한국 사람들이 굉장히 많다는 것입니다. 그것도 여자(여학생)들이 혼자 배낭을 메고 다니는 경우가 많았습니다. 그 사람들은 인터넷을 통해서 숙박업소를 다 예약하고, 어디를 가든지 의사소통이 다 된다는 이야기입니다. 나이가 몇 살이 되는 사람? 저와 같은 50대, 60대가 아니라 20대, 30대가 그렇다는 이야기입니다. 이 말은 여러분들 세대는 마음만 먹으면 세계 어디든 여행을 가고 또한 어디든 이주를 해서 살 수 있는 능력이 있다는 것입니다. 그리고 직업을 얻을 때에도 굳이 국내에 한정되지 않고 외국에 나가서 직업을 얻으려고 하는 시도가 이루어진다는 것입니다.

우리 세대 즉, 부모님 세대가 현재 여러분의 세대에게 바라는 가장 큰 직업이 무엇이냐 하면 바로 판사입니다. 사법고시를 합격해서 판사가 되는 것입니다. 그게 자식에게 요구하는 가장 큰 것인데 아마 제 생각에 여러분들 가운데 로스쿨을 가서 법조인이 되고 싶은 사람들이 있을 수 있겠지만 사실 법조인은 매력적인 직업이 아닙니다. 늘품 없는 직업입니다. 제가 나중에 이야기할 것이 꼰대형 인간입니다. 제가 박근혜 대통령 탄핵 사태의 추이를 보면서 검사, 판사, 변호사 이런 사람들이 불쌍하다고 생각했는데, 이 사람들의 생각은 경직되어 있다고 생각합니다. 법조문에 얽매여서 해석하고 법률을 따지고 이렇게 하는데, 이러한 사고방식으로는 미래 사회를 살기가 힘듭니다.

최근에 유행하고 있는 단어 중에 '노마드' 라는 말이 있습니다. 오늘날 세계화 시대에 많은 사람들이 이동을 계속하기 때문에 옛날보다 이동량이 엄청 늘어났습니다. 여러분들도 아마 저가 항공기를 타고 해외여행을 가본 사람도 있을 것이고, 어떤 회사는 대구에서 해외로 바로 나갈 수 있게 해주는, 그런 곳도 있습니다. 옛날에는 하다못해 김해공항으로 가서 해외로 나가야 했지만 지금은 대구에서 일본의 웬만한 곳은 다 가고, 중국 또한 갈 수 있습니다. 머지않아 대구의 공항이 이전하고 규모가 커지면 유럽도 갈 수 있지 않나 생각해봅니다. 이렇게 우리가 해외에 자유롭게 나갈 수 있는 상황이 되니깐 대한민국 사람뿐만 아니라 전 세계 사람들에게 해당이 됩니다. 오늘 아침에도 신문을 보니까 최근에 사드 문제 때문에 중국 사람들이 한국에 여행 오는 것을 꺼려서 중국 관광객 수가 많이 줄었습니다. 그 대신 동남아시아, 인도네시아, 베트남, 필리핀 이런 사람들이 여행을 많이 온다는 것입니다.

우리나라보다 못사는 나라에서 어떻게 여행을 올까? 이런 생각을 하기 쉬운데 그래도 그 나라(인도네시아, 필리핀, 베트남, 말레이시아 등) 사람들 나름대로 한국으로 여행을 많이 온다는 겁니다. 비단, 여행뿐만 아니라 직업, 결혼 문제 등 여러 가지 이유로 한국에 들어옵니다. 최근에 EBS 방송에 '다문화 고부열전'이라든지 그다음 '한국에 산다' 등 방송을 보면 이런 사람들이 많아지고 있습니다.

그런데 여러분들이 혹시, 신문기사를 통해서 봤을지 모르겠는데 제가 개인적으로 김우중 씨를 굉장히 존경합니다. 김우중 씨가 대우그룹을 만든 지 50년 정도 되었는데 왜 존경을 하느냐 하면, 물론 기업인으로서 합법적이지만 도덕적으로 문제되는 행위도 했을 것이지만, 이분이 아마 우리나라 기업인들 가운데 최초로 세계경영이라는 타이틀을 내건 사람이라고 생각합니다. 그래서 그 당시에 대우그룹이 가지고 있는 재정적인 문제가 있었지만 그럼에도 불구하고 이분이 무려 1년에 200일 이상 해외 출장을 다니면서 시장을 개척했습니다. 그 당시만 하더라도 사람들의 생각은 한국에서 사업을 한다는 생각뿐이었는데 김우중 씨는 '한국의 시장은 좁고 세계의 시장은 넓다.', '세계는 넓고, 할 일은 많다.' 이런 구호를 내걸었습니다. 이런 사람들의 개척자적인 정신이 바탕이 되었을지는 몰라도 세계화의 흐름 속에서 여러분의 삶의 좌표가 고정되어 있는 것이 아니라 계속해서 움직이는 형태가 되니 지방 대학에 있다고 해서 여러분의 눈이 좁아져서는 안 된다는 이야기입니다.

영남대 전 총장인 이효수 총장이 내걸었던 중요한 이슈가 '글로컬 이니셔티브?' 라는 타이틀입니다. 글로컬은 글로벌+로컬로 우리가 로컬에서, 만약에 여러분이 서울 진출을 목표로 삼으면 여러분은 서울에 있는 학생들한테 경쟁력에서 밀릴 수밖에 없습니다. 왜냐하면 서울이 중심이기 때문입니다. 그런데 우리가 서울을 거치지 않고 바로 세계로 나아가자. 글로컬 이니셔티브는 지방 사람들이 서울을 상대로 생각하는 것이 아니라 바로 세계로 나아가자. 세계로 나아가면 서울 사람과 대등한 입장에 선다. 이런 생각을 해볼 수 있습니다. 그리고 어떤 점에서 보면 도쿄, 뉴욕 등 이런 도시들과 대등한 입장에 설 수 있다는 생각이 중요하다고 해서 학교 경영에서 중요한 타이틀로 내걸었습니다.

노마드 시대, 노마드 시대가 무엇인가 하면 안정된 것, 정해진 것이 없고 계속 유동적이 된다고 볼 수 있습니다. 그리고 우리가 잘 알다시피 제 4차 산업혁명의 충격을 알 수 있을 것입니다. 아마존의 알렉사, 사물 인터넷(인터넷으로 다 연결되는 시대), 만약 BIG DATA에 관심이 많고 그 사람에 대해 조사를 해보면 '오늘 이 사람이 어떤 옷을 입고 올 것이다.' 라는 것을 예상할 수 있습니다.

오늘 핵심적인 주제 가운데 하나로 '꼰대형 인간이 되지 말고 질문형 인간이 되자' 라는 것을 내걸었는데 제가 지금 양복을 입고 와서 강의를 해서 되겠습니까? 이 옷은 꼰대형 인간의 복장이죠?

그래서 BIG DATA 같은 것이 중요한 역할을 할 것입니다. 그 다음이 자율주행 자동차의 모습입니다. 그다음은 더 충격적입니다. 인공지능이 사람 못지않은 역할을 하면서 실제로 사람과 대등한 입장에 서면 어떻게 될 것인가 하는 생각을 해볼 수 있습니다. 로봇이 로봇을 만든다? 사람이 로봇을 만드는 것이 아니고 로봇이 로봇을 만드는 것입니다. 어떻게 생각하십니까? 이 말은 로봇이 인간과 대등한 위치에 온다고 생각할 수 있습니다. 그 말은 결국 이 지구상에서 인간 외의 다른 별종, 즉 로봇이란 별종이 나타나서 인간과 대등한 입장에 섰을 때 과연 인간사의 모습은 어떻게 될 것인가? 이런 생각을 해볼 수 있습니다. 이것이 바로 4차 산업혁명의 가장 충격적인 모습이 아닌가 생각해봅니다.

우리가 오늘날의 상황에 대해서 한마디로 불확실성의 시대라고 설명할 수 있습니다. 이 말은 앞에서 말한 세계화의 흐름이라든지 4차 산업혁명의 충격 이런 것들이 바탕이 될 것입니다. 그런데 이 불확실성의 시대와 관련해서 우리가 언제부터 이야기했냐 하면 1970년대부터 존 갈브레이스라는 사람이 이 말을 처음으로 사용했습니다. 무려 40년 전에 이야기가 나왔습니다. 40년이 지난 현재로 이야기하면 그때보다 훨씬 더 불확실한 모습을 띠고 있다고 이야기할 수 있습니다. 그래서 어떤 사람들은 초불확실성의 시대라고 쓰기도 합니다.

어떤 점에서 보면 우리가 딛고 있는 지면이 지금은 단단하기 때문에 설 수 있지만, 만약 이것이 물렁물렁하다면, 지진이 났다고 한다면 내 삶의 기반 자체가 흔들리는 것입니다. 지금 우리가 이야기하고 있는 불확실, 초불확실, 유동적이다, 이렇게 이야기할 수 있는 것은 우리 삶의 기반자체가 불안정하다는 것입니다. 좋게 말하면 기회가 많다는 것입니다. 나쁘게 말하면 고정된 삶이 아니라 어떠한 정답이 없습니다.

여러분들한테 한 가지 읽어 드릴 것이 있습니다.

'국민교육헌장복시' 라는 것을 아십니까? 1968년 12월 5일 박정희 대통령이 국민교육헌장을 선포했습니다. 제가 보기에는 지금 우리 시대에는 국민교육헌장을 만들지 않겠죠? 그럼 교육헌장을 만든다고 하면 어떤 것을 만들까요? 여러분들 생각에 교육헌장을 만들까요? 아니면 다른 것을 만들까요? 제 생각에는 아마 시민교육헌장을 만들 것입니다. 여러분들이 생각하기에 '시민과 국민의 차이가 무엇입니까?' 할 수도 있는데, 시민은 자율성 있는 인간입니다. 국민은 자율성이 없는 인간입니다. 그래서 이런 말을 적어놨습니다. 한번 읽어 보겠습니다.

첫 문장은 "우리는 민족 중흥의 역사적 사명을 띠고 이 땅에 태어났다." 그다음 말은 "성실한 마음과 튼튼한 몸으로, 학문과 기술을 배우고 익히며, 타고난 저마다의 소질을 계발하고 우리의 처지를 약진의 발판으로 삼아, 창조의 힘과 개척의 정신을 기른다." 그다음 넘어가서는 "우리의 창의와 협력을 바탕으로 나라가 발전하며, 나라의 융성이 나의 발전의 근본임을 깨달아, 자유와 권리에 따르는 책임과 의무를 다하며, 스스로 국가 건설에 참여하고 봉사하는 국민 정신을 드높인다."라고 적혀 있습니다. 여기서 무엇을 말하느냐 하면 국민으로서 해야 할 책무, 의무에 대해서 주로 이야기를 해놓고 개인의 자율성 문제에 대해서는 상대적으로 적게 언급되어 있습니다. 이 말은 즉, 국가가 모든 국가 구성원들에게 삶의 방향을 제시했습니다.

아마 지금 대통령 탄핵 사태가 발생해서 정치학자들은 "박정희 패러다임의 한 시대가 끝나는 것이다." 이렇게 이야기하는데 박정희 패러다임이 무의미한 것이냐? 그것은 아닙니다. 1960년대만 해도 한국이 못살았고 국가다운 국가가 아니었기 때문에 제가 조사를 해보니 1950년대 한때는 미국에서 원조한 돈이 우리나라 전체 예산의 1/2이 되었습니다. 여러분 어떻게 생각하십니까? 그만큼 국가가 재정적으로나 국방 상황 등 여러 가지 상황에서 자립적인 국가가 되지 못했기 때문에 국가를 튼튼한 기반 위에 올려두려고 하는 박정희 패러다임이 의미가 있었습니다. 그래서 국민교육헌장이 나왔다고 볼 수 있습니다. 그런데 지금 시대는 국민교육헌장의 시대가 아니라는 이야기입니다. 그것은 어떤 점에서 보면 국민이 나아갈 방향을 명확히 제시해준다, 정답을 제공해준다. 그래서 나이 드신 분들이 박정희 시대의 향수를 느끼는 이유가 무엇이냐 하면 그 당시만 해도 대통령이 단호한 리더십으로 국가를 이끌어갔는데 지금은 뭐냐? 이렇게 생각들 하시는데 그 시대는 통했을지 몰라도 지금은 통하지 않는다는 것입니다. 우리가 사는 시대 자체가 그 당시에는 나름 표준이 있고, 정답이 있어서 나아가면 됐는데 지금은 사실 정답을 구하기 상당히 힘듭니다.

예를 들어서 우리가 사드 문제에 대한 정답이 있습니까? 제가 보기에는 사드 문제에 대한 정답이 없습니다. 이 문제를 해결하기는 매우 힘듭니다. 안보상으로는 북한의 핵 문제 때문에 사드를 배치해야 한다고 생각할 수 있지만 중국에서 여러 가지 문제를 걸기 때문에 배치를 해야 하는지, 하지 말아야 하는지에 대한 정답을 구하기가 쉽지 않습니다. 이와 같이 우리의 삶 자체가 불안정한 토대에 있다고 말할 수 있습니다. 이 문제에 대해 이야기한 대표적인 사람이 『액체근대』라는 책을 쓴 '지그문트 바우만'이라는 사람입니다. 이 사람이 폴란드 사회학자인데 액체근대라는 말을 썼습니다. 액체근대라는 말은 고체근대와 대비되는 말로써 확고한 기반이 있는 사회와 확고한 기반이 없는 사회를 비교합니다.

이 사람은 오늘날의 사회를 봤을 때 확고한 기반이 없는 사회라고 생각했습니다. 대표적으로 제가 대학시절 연애를 하면서 결혼까지 이어지는 것이 지극히 정상적으로 생각했습니다. 만약 연애를 하다가 헤어지고 다른 사람과 결혼하면 '저 사람 이상하다? 문제가 있다.' 라고 생각을 했습니다. 하지만 지금은 연애한다고 다 결혼을 합니까? 연애와 결혼은 별개의 문제라고 생각할 수 있습니다. 많은 학생들이 대학시절 연애를 하다가 나중에 결혼할 때에는 상대가 달라지는데, 이것은 우리 시대의 사고방식으로는 이해가 되지 않습니다. 제 시대의 연애는 고체적인 연애입니다. 여러분의 연애는 액체적인 연애입니다. 이 말은 얼마든지 연애의 대상은 바뀔 수 있는, 사랑 자체가 고정적인 것이 아니라 얼마든지 바뀔 수 있다는 것을 보여주는 대표적인 사례가 아닌가 생각해봅니다.

그러면 우리가 정답이 없는 시기에는 '자다가도 어른 말을 들으면 떡이 생긴다' 이 속담이 통하겠느냐, 통하지 않겠느냐 하는 문제에 대해서 생각해볼 수 있습니다. 그러면 오늘날 깨어있는 상태에서 어른 말을 들으면 떡이 생기겠느냐, 생기지 않겠느냐? 이런 질문을 해볼 수 있습니다. 예를 들어 스마트폰을 만지다가 궁금증이 생기면 선배한테 묻습니까? 컴퓨터를 하다가 되지 않으면 선배를 찾아가서 묻습니까? 그렇지 않습니다. 주변 친구 혹은 조교를 불러서 물어봅니다. 실제로 옛날에는 어른들로부터 모든 지식을 전수를 받았습니다. 삶의 철학, 지혜, 농사짓는 방법, 제사를 지내는 방법 등 어른들에게서 다 배웠습니다. 어른들이 나에게 지혜와 지식을 전달해주는 중요한 존재이기 때문에 어른들 말을 들을 수밖에 없고, 어른 말을 들으면 인생을 사는 데 도움이 많이 되었습니다. 하지만 지금은 어떻습니까? 삶에 관한 지혜는 도움이 될 수 있을지는 몰라도 살아가는 데 필요한 지식은 어른들한테 들어서 기능적이고 기술적인 측면에서는 도움이 될 것이 없다, 라고 생각합니다.

자다가도 어른 말을 들으면 떡이 생긴다는 속담은 옛말이 되었습니다. 기본적으로 과거의 지식과 지혜가 현재에 계속 통할 수 있느냐 하는 문제입니다. 상황 자체가 많이 바뀌어버렸기 때문에 과거의 지식이 현재에는 통하지 않습니다. 지식의 수명이 점점 짧아지기 때문에 결국은 여러분이 스무 살의 인문학을 통해서 깨우쳐야 하는 것은 삶의 지혜이지 삶의 지식이 아닙니다. 삶의 지혜를 깨우칠 수 있는가 없는가 하는 것이 중요한 문제입니다. 만약에 이 강의를 통해 여러분이 지혜를 깨우치면 등록금을 낸 효과가 있는 것이고, 만약에 그렇지 못한다면 건성으로 들은 것입니다. 그래서 이런 속담이 우리에게 시사하는 바가 무엇이냐 하면 '과연 우리 시대에는 이 말이 통하느냐? 통하지 않는다면 왜 그럴까?' 라는 부분을 생각보시기 바랍니다.

그다음은 조직의 문제입니다. 우리가 앞에 이야기한 것처럼 아버지 시대에 우리에게 원하는 것은 '법대에 가서 고시 합격해서 법관이 되어라.', 이것이 목숨을 걸고 자식한테 바라는 꿈입니다. 이것이 안 되면 '큰 회사에 취직해서 평생 동안 잘 먹고 잘 살아라.' 여러분들도 대기업에 취업하는 것이 꿈인 사람이 있겠지만 그것은 그렇게 중요한 꿈이 아닙니다. 대표적으로 '도시바' 라는 회사가 망하기 직전입니다. 도시바는 일본을 대표하는 전자 기업이었습니다. 일본 사람들이 생각하기에 '도시바가 망한다?' 그것은 상상도 하기 힘든 일입니다. 삼성전자가 망한다고 생각할 수 있습니까? 상상하기 힘든 일이죠. 하지만 삼성전자도 망할 수 있습니다. 여러분들이 취직을 하는 조직이 여러분들을 평생 동안 보호해 주는가? 천만의 말씀입니다. 제가 사회학과 학생들에게 이런 말을 했습니다. 100년 안에 영남대학교는 없어진다. 조직이 없어진다는 말입니다. 조직이 조직을 구성하는 구성원들의 삶을 보상해 주는가? 이런 생각을 해본다면 '그렇다.' 라고 대답하기는 힘듭니다.

최근에 우리가 알다시피 1인 가구가 엄청나게 늘어나고 혼자 사는 사람이 많습니다. 혼밥, 혼술이 유행할 정도로 2015년도 통계자료에 우리나라 1인 가구가 27%입니다. 이것은 우리에게 어떤 이야기를 해주는 것입니까? 결국은 가족이 우리를 보호해주지 못한다는 것을 시사하는 겁니다. 많은 사람들이 혼자 살아야 합니다. 1인 가구 중 가장 많은 사람들이 독거노인입니다. 그다음 20대, 30대 결혼하지 않은 청춘들, 이혼한 싱글들이 주로 1인 가구를 이룹니다. 독거노인들을 자녀들이 돌봐줍니까? 아무도 돌봐주지 않습니다. 그다음 20대, 30대 청춘들 부모가 돌봐주지 않고 혼자 삽니다. 그다음 이혼한 싱글들 배우자가 돌봐줍니까? 돌봐주지 않습니다. 그러니까 가족이 나의 삶을 책임져주지 않는다는 말입니다.

국가가 나의 삶을 책임져주지 않고, 직장이 나의 삶을 책임져주지 않고, 조직이 나의 삶을 책임져주지 않습니다. 왜냐하면 국가나 조직이나 자기 자신이 살기 바쁘기 때문입니다. 국가도 망할 수 있습니다. 대표적으로 그리스, 이탈리아, 아일랜드, 스페인은 파산 직전까지 갔다가 살아남았습니다. 우리도 인구가 감소하면 국가 재정이 거덜 날 수 있습니다. 그래서 누가 저한테 하는 말이 "친구야, 너는 퇴직을 하고 나면 연금을 받으니 좋겠네."라고 말하지만 저도 국가 재정이 거덜 나면 연금을 못 받습니다. 20년 전 소비에트 연방공화국이 무너졌을 때 많은 연금 생활자들이 거덜 났습니다. 그렇게 생각한다면 오늘날 세계화의 흐름 속에서 국가가 개개인의 삶을 책임져주기가 만만치 않다고 생각합니다. 대표적으로 스웨덴, 노르웨이, 핀란드 등이 사회복지 국가의 최고 선두에 있는 국가들인데 이런 나라들도 사회복지 혜택을 점점 줄여 나가는 방향으로 가고 있습니다. 문제는 돈 때문입니다. 돈만 있으면 얼마든지 해줄 수 있지만 국가의 재정이 거덜 나면 보호를 못 해줍니다. 그래서 국가는 우리의 삶을 평생 동안 보장해주는가? 가족은 우리의 확실한 안식처가 되는가? 직장은 정년까지 일자리를 보장해주는가? 부부는 백년해로하고 친구와의 우정, 애인과의 애정은 오랫동안 지속되는가? 이렇게 질문을 해본다면 우리는 쉽게 '그렇다.' 라고 대답하기는 어렵습니다. 이런 점을 생각한다면 무엇이 필요하겠습니까? 내가 조직의 일원으로 살 것인지, 독립적인 존재로 살 것인지 생각하는 겁니다.

여기 앉아계시는 최재목 교수님이나 박철홍 교수님, 이 두 분은 자기 이름 가지고 먹고 살 수 있습니다. 어디 가서 영남대학교라는 타이틀을 안 붙이고 이름만 이야기했을 때 얼마든지 먹고 살 수 있지만 저는 그렇지 않습니다. 저는 영남대학교를 떠나는 순간에 못 먹고 삽니다. 밖에 나가서 제 이름을 이야기하면 사람들은 알아보지 못하지만 영남대학교라는 타이틀을 붙이는 순간 태도가 바뀝니다. 이 말은 영남대학교가 저 때문에 먹고 사느냐, 아니면 제가 영남대학교 때문에 먹고 사느냐 라고 했을 때

유감스럽게도 영남대학교 때문에 제가 먹고 살지 저 때문에 영남대학교가 먹고 사는 것은 아닙니다.

이 말은 어디 가서 내 이름 석 자를 말했을 때 사람들이 알아보느냐 아니면 조직의 이름을 붙여야만 그 사람들이 알아보느냐 하는 차이입니다. 예를 들어 여러분들이 대기업의 타이틀을 앞에 붙여 자신을 소개한다면 그것은 자신의 브랜드로 먹고 사는 것이 아니라 조직의 브랜드로 먹고 사는 것입니다. 만약 자신의 이름만으로 사람들이 알아본다면 그것은 자기 자신의 브랜드로 먹고 사는 것입니다.

대표적인 사람이 김제동입니다. 이 사람은 자신의 브랜드로 먹고 삽니다. 혹시 김제동 씨가 어느 연예 기획사에 소속되어 있는지 아시는 분 계십니까? 아무도 없으시죠? 저도 모릅니다. 그래도 김제동은 김제동입니다. 우리가 앞으로 미래 사회를 살아가는 데 중요한 포인트 중의 하나는 '내 브랜드로 먹고 살자.' 내 브랜드로 살면 어떤 쪽에서는 나를 스카우트해 가려고 애를 씁니다. 만약 여러분이 조직 브랜드에 안주해 있으면 그 조직이 무너지는 순간 여러분들은 해고입니다.

이렇듯 여러분은 조직과 나 자신을 비교했을 때 내 이름이 조직보다 위에 설 수 있으면 조직에 크게 기여하고, 조직을 살려낼 수 있고, 조직이 없어졌을 때 얼마든지 먹고 살 수 있다는 말입니다. 그래서 여러분들 스스로가 자기 브랜드를 만드는 것을 생각해봅시다. 자기 브랜드를 만드는 것은 어떤 문제인가 하면 프리랜서가 되는 문제입니다. 결국은 어떤 조직 구성원으로서가 아니라 프리랜서로서, 이 말은 여러분들이 평생 동안 프리랜서로 살라는 말은 아닙니다. 자기가 구성원으로서 만족하면서 사느냐, 아니면 조직 구성원을 넘어서서 프리랜서로서의 자격을 갖추며 살 것인가 라고 하는 하나의 지향점입니다.

말하자면 여러분들이 그냥 조직 구성원으로 괜찮은 회사에 취직해서 만족하며 살다가 40대 중반이나 50대가 되어서는 조직에서 나오게 됩니다. 더 이상 조직에서 필요로 하지 않는다는 말입니다. 그런데 여러분이 한번 생각해보면 프리랜서로서 살 준비를 갖춘다면 여러분들은 앞으로도 정년을 넘어서 자신의 일을 할 수 있습니다. 최근에 1인 크리에이터라는 것이 유튜브 등에서 나타납니다. 이 사람들의 모습이 전형적인 프리랜서의 모습을 갖추고 있다고 볼 수 있습니다. 이 사람들이 1인 크리에이터로 살아가기 위해 얼마나 많은 아이디어를 짜내겠습니까? 매일 밤마다 창의적인 아이디어를 짜내서 움직인다는 것입니다.

조직 구성원으로 살지 않고 프리랜서로 산다는 말은 그만큼 머리를 많이 써야 된다는 겁니다. 자기 나름대로의 아이디어, 브랜드, 아이덴티티, 자기 자신만의 정체성이 있어야만 가능한 것이지 그것이 없으면 불가능하다고 볼 수 있습니다.

다음으로 자기만의 세계에서 중요한 것이 창의적인 사고입니다. 제가 이야기하지 않아도 여러분들이 창의적인 사고가 중요하다고 하는 것은 알고 계실 겁니다. 매뉴얼의 시대가 가고 창의적인 시대가 왔다고 볼 수 있습니다. 우리 아버지 시대, 지금 저의 시대에서는 매뉴얼만 잘 알아도 살 수 있었습니다. 그런데 지금은 매뉴얼만 잘 안다고 살 수 있는 시대가 아닙니다. 매뉴얼이 20년, 30년 길게 가는 것이 아니라 5년이나 아니면 더 짧게, 유효 기간이 길지 않기 때문입니다. 예를 들어 우리 아버지가 전기 기술자였습니다. 하지만 아버지가 했던 일이 매뉴얼을 베껴 쓰는 일이었습니다. 그 당시에 한글로 되어있는 매뉴얼이 많이 없으니 일본어로 되어있는 매뉴얼을 번역해서 외우는 일이었습니다. 이 매뉴얼을 베껴 쓰는데 20년이 걸렸습니다. 이것을 가지고 전기 기술자들이 25년을 먹고 살았습니다. 하지만 지금은 그것이 불가능합니다.

대표적으로 병원입니다. 서울 병원과 지방 병원의 가장 큰 차이점은 의료 설비의 문제입니다. 돈 많은 병원은 최신 의료 기기를 가져다 놓습니다. 이 의료 설비의 수명이 몇 년쯤 된다고 생각하십니까? 자연 수명은 30년을 써도 괜찮습니다. 하지만 이 최신 기기가 시간이 지나 낡아서 못 쓰는 것이 아니라 새로운 기계가 나오기 때문에 못 쓰는 겁니다. 이렇듯 의료 기기와 같은 설비들도 빨리 변화하기 때문에 결국은 매뉴얼 시대는 오래 지속될 수 없고 창의의 시대가 오게 되는 것입니다.

창의적 사고는 지적 호기심이 많아야 합니다. 여러분 스스로 자신이 지적 호기심이 많은지 아닌지를 테스트해보시기 바랍니다. 제가 생각하기에 우리 학교(영남대학교)에 들어오는 학생들 수능 성적이 서울대학교 학생들에 비해 떨어지는 것은 명백한 사실입니다. 그런데 수능 성적이 떨어진다고 해서 창의적인 사고가 떨어지는가? 그것은 아니라는 것입니다. 그것이 핵심입니다. 서울대학교에 들어간 학생보다도 훨씬 더 창의적 사고를 가질 수 있는 학생들이 이곳에 많이 있다고 생각합니다.

인문학 강의 조교를 하고 있는 학생이 있습니다. 국제통상학부를 나온 학생이 지금 한국학과 대학원에 진학해서 다니고 있습니다. 여러분은 어떻게 생각하십니까? 이 학생은 창의성과 상상력이 풍부한 학생입니다. 발표와 토론 수업을 들은 학생인데, 이 학생은 질문이 많습니다. 지적 호기심이 많습니다. 우리가 보통 생각하기에 국제통상학부 나와서 회사에나 취직을 하지 무엇을 한다고 한국학부에 들어가느냐? 이렇게 생각하시는 분들도 계실 텐데 여러분들의 생각을 뛰어넘는 겁니다. 그것이 바로 지금 강의를 하고 있는 '스무 살의 인문학이 추구하는 정신' 이 아닌가 생각해봅니다. 지금 이 학생에게 국제통상학부를 졸업하고 왜 한국학과 대학원에 들어갔는지 한 번 들어보겠습니다.

반갑습니다. 장성원입니다. 이야기를 할 기회가 생겨서 떨리기도 하고 설레기도 합니다. 제가 국제통상학부를 졸업하고 대학원에 진학하게 된 것은, 제가 학부생 때 교수님들을 자주 찾아뵈었습니다. 그런데 제가 교수님 연구실 문을 열고 들어가서 처음 받은 질문이 "너는 토익이 몇 점이니?", "학점이 몇 점이니?" 저는 사실 그런 이야기를 듣고 싶어서 찾아간 것이 아니라 진지하게 제 인생에 대해서 고민하고 싶었는데 상경대 교수님들을 찾아뵈었을 때는 취업에 관한 이야기가 대부분이었습니다. 취업률이 저희를 좌우하고, 그러한 질문을 받았을 때 제가 생각하기에 그곳에서는 저를 찾을 수 없다고 생각해서 교양 수업을 많이 듣기 시작했습니다.

그때 제가 처음으로 뵀던 타과 교수님이 백승대 교수님이었고, 그곳에서 최재목 교수님을 만났습니다. 그래서 제가 꿈을 가지기 시작해서 백승대 교수님을 찾아 뵀었습니다. "교수님, 제가 철학을 공부하고 싶은데 해도 될까요?"라고 물어보니 백승대 교수님이 저한테 이렇게 이야기하셨습니다. "철학 하지마라, 돈도 안 되는데 그거 왜 하려고 하느냐? 집에서 안 말리더냐?" 그렇게 이야기를 해주셨는데 제가 그 뒤로도 책을 많이 읽고 고민을 많이 했고, 최재목 교수님과 이야기도 많이 나눴습니다. 아까 교수님이 앞에서 설명하신 대로 앞으로는 계속 불확실성의 사회입니다. 그 안에서 제가 살아남기 위해서는 저만의 확실성을 가지고 싶어서 대학원에 진학하게 되었고, 제가 회사에 잠시 다녔던 적이 있는데 회사도 다니면서 공부도 하면서 많은 질문을 가지고 많은 생각을 하게 됐고, 그것을 제가 만족할 만큼 이뤄내고 싶어서 대학원이라는 곳에 진학했습니다. 대학원이라는 곳이 정답이 아닐 수도 있습니다. 하지만 저는 이렇게 생각합니다. 정답은 제 스스로 만드는 것이라고 생각하기 때문에 저는 열심히 다니게 된 것 같습니다. 감사합니다.

아마 스무 살의 인문학에 딱 맞는 사례가 아닌가 하는 생각이 듭니다. 보통 상경대학 전공을 하는데 굳이 철학이나 인문학 공부의 필요성을 못 느끼는데 상경대를 다니는 학생이 인문학의 필요성을 느낀 것이 굉장히 중요한 포인트입니다. 이 학생은 제가 지켜본 결과 호기심이 많은 학생이었습니다. 질문도 굉장히 많은 학생이었습니다. 여러분들이 창의적인 사고를 잘하기 위해서는 호기심이 많아야 합니다.

천재 시인인 이상의 말 중에 "보고도 모르는 것을 폭로시켜라."라는 말이 있습니다. 여러분 제가 보입니까? 보이죠? 무엇이 보입니까? 몸이 보인다? 이곳에 앉아 있는 500명의 학생들이 자기 나름대로의 포착점이 있는가? 없는가? 넥타이에 주목하는 사람이 있을 것이고, 제 머리카락을 주목하는 사람도 있을 것이고, 나의 서있는 모습을 보고 '저 양반이 나이 60이 넘었는데 몸이 좀 괜찮네?' 하는 사람들도 있을 것입니다. 이처럼 다양하게 볼수 있습니다. 이것은 무엇이냐 하면, 무엇을 보든지 간에 포착하는 무엇인가가 있어야 한다는 것입니다. 여러분들 나름대로 남이 보지 못한 것을 포착해야합니다. "보고도 모르는 것을 폭로시켜라." 이 말은 보고도 모르는 것을 드러나게 하라, 이런 이야기입니다.

그런데 제가 강의하는 사회학과 학생들에게 질문을 해보면 말을 잘 안 합니다. 제가 질문을 해도 입을 꼭 다물고 있는데 그것은 그 순간에 사고가 생기지 않는다는 것입니다. 질문을 했을 때 무엇인가 대답을 하려고 하면 사고가 돌아가기 시작한다, 사고가 돌아가기 시작하면 자신도 생각지 못했던 것을 보게 됩니다. 의미를 부여할 수 있어야 합니다. 예를 들어서 '넥타이가 노란 넥타이다.' 라고 하면 색깔에 의미를 부여할 수 있는가? 없는가? 제가 꼰대형이라고 이야기를 했지만 그럼에도 불구하고 검은 넥타이를 매고 왔냐, 청색을 매고 왔냐 등 여러 가지 색이 있지만 노란 넥타이를 매고 왔습니다.

그렇다면 '그것은 무슨 의미일까?'라는 의문을 가지고 의미를 부여한다고 하면 무엇인가 보이기 시작한다는 것입니다. 넥타이를 디자인한 사람이 아무런 의미 없이 넥타이를 디자인했겠습니까? 당연히 그것은 아니겠죠? 생각을 가지고 디자인했을 것입니다. 그렇다면 왜 노란색에 이러한 무늬를 넣었을까? 분명히 의미를 부여했을 겁니다. 그래서 의미를 부여하는 것. 질문을 하기 위해서는 의미를 부여해야 되고, 의미를 부여하면 호기심이 생기고, 호기심이 생기면 질문을 잘 하게 되고, 그다음에 여러분이 무엇인가를 발견하게 됩니다. 지식을 만들어 낼 수 있는 소위 창조적인 인간이 됩니다. 지식인이 되는 겁니다.

김춘수 시인의 시 「꽃」을 보겠습니다. 자기 주위에 있는 사물에 대해서 의미를 부여한다는 대표적인 시입니다. "내가 그의 이름을 불러 주기 전에는 그는 다만 하나의 몸짓에 지나지 않았다. 내가 그의 이름을 불러 주었을 때, 그는 나에게로 와서 꽃이 되었다." 이름을 불러 주기 전까지는 아무것도 아니었는데 이름을 불러 주는 순간 꽃이 되는 겁니다. 남녀 간에 연애를 할 때에도 흔히 하는 말 중에 '제 눈에 안경이다.'라는 말이 있습니다. 무슨 뜻입니까? 상대방에 대해서 의미를 부여하기 때문에 그 사람이 나한테 사랑스러운 사람이 됩니다.

여러분들이 의미 부여를 잘하느냐 못하느냐, 잘 할 수 있느냐 없느냐, 노력하느냐 안 하느냐에 따라서 호기심이 생기느냐 안 생기느냐, 이에 따라서 창의적인 사고가 되느냐 안 되느냐. 우리가 자꾸 옛날 방식을 고집하는 순간에는 창의적 사고가 안 생깁니다. 제가 수업 시간 중에 학생들에게 교수에게 도전적인 질문 좀 해봐라, 이렇게 이야기해도 질문을 잘 안 합니다. 질문을 안 하는 것 중에 여러 가지 이유가 있겠죠? 하나는 도전적인 질문을 해서 학점이 깎일까 하는 두려움 때문에. 교수가 기분이 나쁠 수 있겠지만 기분 나쁜 티를 내게 되면 절대로 학생들에게서 창의적인 질문이 안 나옵니다. 그래서 여러분들에게 이야기하고 싶은 것이 뭐냐 하면 꼰대형 인간이 되지 말자는 겁니다. 여러분들이 저 같은 사람을 꼰대라고 지칭을 하잖아요? 나이가 좀 된 사람들, 고집이 센 사람, 옛날 방식을 고집하는 사람들을 꼰대라고 합니다.

여러분들은 질문형 인간이 되어야 합니다. 질문을 하지 않는 학생은 좋은 학생이 아닙니다. 질문을 많이 해야 여러분들이 세계적인 학생이 될 수 있는데 질문을 안 하니까 결국은 수능 성적대로 세상이 여러분을 보게 되는 것입니다. 그것을 넘어서야 합니다. 질문형 인간이라는 것은 기존의 지식, 관습, 여러 가지 규칙에 의문을 답니다. 왜 이렇게 되어야 하지? 왜 그렇게 하는 거지? 있는 상태에 대해 계속 질문을 던져야 합니다. 그렇게 하다 보면 새로운 가능성이 생겨납니다. 기존의 것을 의문을 표시하지 않고 그대로 받아들인다면 새로운 것이 절대 생겨날 수 없습니다.

약대 대학원생들 가운데 유튜브에서 스타가 된 사람이 있죠? 고퇴경 씨. 대단한 사람입니다. 약대 대학원생입니다. 자신이 올린 영상 조회 수가 엄청 올라가서 글로벌 인물이 되어버렸습니다. 여러분들도 그런 가능성을 충분히 가지고 태어났는데 노력을 안 하기 때문에 안 되는 겁니다. 우리가 불확실한 사회를 살아가는 데 가장 중요한 것이 창의적 사고입니다. 꼰대형 인간이 되지 말자고 했는데 그 자세에는 who-내가 누군지 알아?, what-

뭘 안다고, where-어딜 감히, when-왕년에, how-어떻게 나한테, why-내가 그걸 왜, 인터넷에 찾아보니 이런 질문을 하는 사람들을 꼰대형 인간이라고 해놨습니다.

말하자면 꼰대형 인간은 자신의 나이가 많다고, 지위가 높다고, 교수라고 등 갑질하는 사람입니다. 이런 사람은 창의적 사고를 가로막는 인간입니다. 여러분은 절대로 꼰대형 인간이 되면 안 됩니다. 그래서 우리가 질문형 인간이 돼야하는데 그럼, 질문만 하면 되는가? 질문만으로써 모든 것이 끝나는 게 아닙니다. 질문은 궁극적으로 새로운 지식의 창출, 문제 해결로 나아가야 합니다. 문제 해결의 사고방식이 요새 유행하는 말로 '디자인 싱킹design thinking'을 하자. 디자인이라는 말은 여러 가지로 해석할 수 있는데 디자인 싱킹에서는 어떻게 해석했느냐 하면 DE라는 것이 접두어로서 부정의 의미가 있으니 '해체한다, 분해한다, 부정한다.' 그런 의미가 있어서 DE+SIGN으로 보고 기존의 기호를 해체하거나 부정하는 것. 그것이 DESIGN이라고 해석하는 사람이 있습니다.

그것은 '디자인 싱킹'이라는 책을 쓴 사람의 해석이고, 제 개인적인 생각은 무엇인가를 기입하는 겁니다. 기입을 한다는 것은, 여러분이 문제 인식이 없는 상태에서는 기입이 안 됩니다. 기입의 출발점은 문제에 대한 포착, 문제를 포착하고 문제를 해결해야 한다고 생각이 들 때 기입이 이루어집니다. 디자인적 사고방식을 갖자는 것이 창의적인 사고방식의 하나로 볼 수 있겠지만 디자인 싱킹을 하자고 했을 때는 여러분들이 자기 주위에서 문제를 정확하게 포착할 수 있느냐, 없느냐가 굉장히 중요한 핵심입니다.

문제를 발견하면 문제에 대해 정의하고, 문제를 정의하고 난 다음에는 문제를 해결하는 방안을 모색하고, 기입하고 그다음 그것을 적용해서 해결하는 것이 디자인 싱킹의 모습이라고 볼 수 있습니다. 대표적인 사례가 이명박 전 대통령이 서울시장을 할 때 서울 시내 버스전용 중앙 차선을 도입했습니다. 왜 서울시에서 버스전용 중앙 차선을 도입했는가? 처음에는 버스전용 도로를 도롯가(인도 쪽)에 만들었습니다. 도롯가에 만드니 실용성이 얼마만큼 되느냐? 문제점이 있다는 것을 발견했습니다. 어떤 문제가 있습니까? 여러분이 알다시피 버스 차선을 중앙에 안 만들고 도롯가에 만드니 그곳에 주차하는 차도 있고, 끼어드는 차도 있고, 오토바이, 자전거 등 야단법석입니다. 이렇게 되니 실용성이 별로 없다는 겁니다. 여러분들이 학교 올 때 집에서 갈 때 버스전용 차선을 유심히 보십시오. 오전 07:30 ~ 09:30, 저녁 17:30 ~ 19:30까지 버스전용 차선이 적용되는데 감시카메라가 없는 구간에는 위반하는 차량이 많습니다. 대중교통을 원활하게 이용하기 위해 만든 전용차선 구간이 실질적으로는 효과를 못 낸다는 것을 포착한 겁니다. 포착한 문제점을 어떻게 하면 좋을까? 생각하다가 제가 보기에는 벤치마킹을 한 것 같습니다.

여러분이 일본이나 유럽을 가면 '트랩'이라는 철도가 있지 않습니까? 그 정류장이 전부 중앙으로 해놨습니다. 그것을 아마 참고한 것이 아닌가 생각하는데 그렇게 이야기는 하지 않습니다만… 중앙 차선에는 여러분이 알다시피 자전거가 다닐 수 있습니까? 사람이 다닐 수 있습니까? 주차를 할 수 있습니까? 자전거, 사람도 못 다니고 주차도 하지 못합니다. 그러니까 실질적인 활용도가 훨씬 높다는 것입니다. 문제 해결이 훨씬 많이 된다는 이야기죠? 이러한 버스전용 차선의 변경이 디자인 싱킹의 대표적인 사례라고 볼 수 있습니다.

그런 것을 여러분들이 발견해 내려고 하려면 문제를 잘 포착해야 합니다. 다음 마지막으로 앞서 국민교육헌장에 대해서 간단하게 이야기했는데, 1960년대 박정희 전 대통령 패러다임에서는 나름대로 우리 역사적으로 보면 의미가 있었다고 이야기하지만 지금은 세계화가 중요합니다. 세계화가 큰 흐름이고 그리고 외국인들이 엄청나게 많이 들어와서 살고, 여러분이 알다시피 우리나라 GDP 70% 이상이 수출, 무역으로 일어나는 나라입니다. 한국 같은 나라는 세계화의 기회를 활용해야 사는 나라이지 만약 세계화를 저버리고 폐쇄적인 국가가 되면 결국 우리는 북한 같은 나라가 될 수 있습니다. 세계화가 되면서 북한의 핵무기가 아주 중요한 공포의 대상이고, 미국의 트럼프 대통령이 취임하고 나서 제가 생각하기에는 미국 관계가 굉장히 긴장 상태이기 때문에 언제 일촉즉발의 전시적인 모습이 나타날지 예측하기가 힘듭니다.

그런데 우리가 이런 생각을 해봅시다. 세계 각국의 기업들이 특히 컴퓨터, 휴대폰, 전자제품을 만드는 회사 중에 한국에서 생산되는 물량이 없으면 문 닫을 회사가 얼마나 많이 되겠는가? 이런 생각을 해봅니다. 예를 들어서, 한국에서 생산되는 제품 자체가 세계에서 굉장히 귀중하고 의미 있는 것이라고 가정해본다면 아마 세계의 많은 나라들이 한국에서 전쟁이 일어나는 것을 막으려고 애를 쓰겠죠? 한국에서 전쟁이 일어나면 큰일 나니까, 그 대표적인 제품이 바로 메모리 반도체와 랜더 반도체입니다. 세계 70% 이상을 한국에서 만듭니다. 삼성전자와 SK하이닉스에서… 랜더 메모리도 한국에서 50% 정도 만듭니다. 만약 한국이 쑥대밭이 되어버리면 세계 모바일 폰의 50%도 못 만든다는 이야기입니다.

우리는 세계화의 이점을 활용해서 한국이 세계 어느 나라도 무시 못 하는 제품을 만들어 낼 수 있느냐 없느냐가 중요하고, 서비스를 해줄 수 있느냐 없느냐가 굉장히 중요하다고 생각합니다. 여러분들이 적어도 출발은 영남대학에서 출발하지만 앞으로 단순히 대구, 경북 사람으로 사는 것이 아니라, 대한민국의 국민으로 사는 것이 아니라, 세계 시민으로 살아갈 때 비로소 여러분의 개인적인 운명이 품위 있게, 인간으로서 품위를 지키면서 살 수 있을 거라고 생각합니다. 그래서 적극적으로 자신이 계속 학습하고, 창의적인 사고를 하고, 새로운 길을 모색하고, 프리랜서로서 살아갈 수 있는 길을 모색해주고자 하는 부탁을 드리고, 제가 오늘 한 이야기가 뜬구름 잡는 이야기일 수도 있고, 처음에 한 이야기처럼 제 이야기가 틀릴 수도 있습니다.

여러분들이 선택을 해서 과연 어떻게 사는 것이 앞으로 인생을 살아가는 데 도움이 되는지에 대해서 한번 생각해보는 시간이 되길 바랍니다.

박 일 우

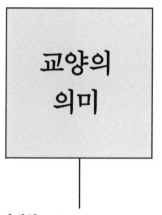

교양의
의미

계명대학교 Tabula Rasa College
교수. 한국기호학회 부회장을
역임했다. 주요 저서로는 『현
대 기호학의 발전』, 『이미지는
어떻게 살고 있는가』 등이 있
으며, 대중에게 기호학을 알리
기 위한 활동에 주력하고 있다.

작품 활동에 주제가 없으면 예술이 아닙니다. 그 주제를 생각해 내는 인문학적 배경이 필요합니다. 책을 읽어야 하고 생각을 해야 합니다. 많은 독서와 생각으로 자신의 역량을 키워야 됩니다.

반갑습니다. 강사 소개 이것은 중요한 것이 아니라 오늘 왜 그림을 들고 왔는가? 왜 그림 읽는 것이 세상을 보는 것인가? 왜 우리는 그림을 통해서 이 세상을 만나야 되는가? 그 이야기를 좀 하려고 합니다. 좀 위험한 이야기이긴 합니다만 세상에는 두 가지 부류의 사람이 있습니다. 이분법으로 나누는 것은 위험하지만 두 가지 부류가 뭘까?

미술관을 가본 사람과 한 번도 가보지 못하고 생을 마감하는 사람. 이렇게 두 부류로 나눌 수도 있습니다.

최근에 인문과학이나 사회과학에서 많이 하는 이야기가 있습니다. QOL(Quality Of Life), 삶의 질 이렇게 이야기하는데 그냥 짐승처럼 태어나서 먹고 힘을 다해서 죽는다? 이것은 사람이 할 일은 아닌 것 같아요. 사람이란 무언가 가치를 추구하고, 자기 삶의 윤택함, 이런 고민을 해봐야 사람이라고 할 수 있습니다. 그 중에 하나가 얼마나 많은 예술을 향유할 수 있는가? 또 향유하다가 인생을 마감했는가? 이것이 굉장히 중요합니다. 최재목 교수님이 저보고 교양 이야기를 했었는데, 하지만 최근에 교양이라는 것이 약간 바뀌게 됩니다. 제가 무서운 이야기를 해볼까 합니다.

하버드 대학 총장이 얼마 전에 그런 말을 했었습니다. 대학은 여섯 번째 직업을 준비해줘야 한다. 왜? 앞으로 여러분들은 서른 번 정도 이직을 하게 됩니다. 평생직장은 없어집니다. 교사도 없어지고, 판검사도 곧 사라질 것이다. 왜? 한 번이라도 되풀이하는 업무는 빅 데이터가 훨씬 더 정확하게 알고 있다. 즉 AI화 되어가고 있다. 최근에 은행에서 직원을 더 이상 뽑지 않습니다. 전부 ATM이 하고 있는데 사람을 뽑을 필요가 없잖아요. 그래서 아마 판사, 검사가 없어질 것이고, 의사도 이제는 '왓슨' 이 대체할 것이고 등등.

지금 유치원에 다니는 60%는 앞으로 15년, 20년 후에는 지금 존재하지 않는 직업을 가지게 될 것이다. 여러분 세대는 졸업 후 첫 직장이 아니라 스무 개, 서른 개의 직장을 가지게 될 것이다. 한마디로 전공 학과는 필요 없다. 내가 지금 건축학을 하고 있다? 국문학을 하고 있다? 그것은 여러분의 직업하고 아무런 관련이 없습니다. 왜? 여러분들이 어떤 직업을 가질지 모르기 때문입니다. 앞으로 대학은 이렇게 바뀔 겁니다. 어떤 일을 하게 되더라도 창의적인 업무를 스스로 할 수 있는 그런 사람을 키우자. 즉, 기초 체력을 키워주면 어떤 일이든 할 수 있다. 교양이라는 학문이 아니라 기초학문이라는 개념으로 밝히고 있고요, 여기서 가장 중요한 것이 소양이라는 것입니다.

여러분들이 말하는 8대 스펙, 9대 스펙 이러한 것도 소양이지요. 외국어 능력, 글쓰기 능력, 대화 능력뿐 아니라 기초적인 예술을 향유할 수 있는 능력. 그렇게 해서 삶의 질을 올리겠다는 의지를 가질 수 있는 그런 것들. 이런 것들이 전부 소양에 들어갑니다. 그래서 인성이라고도 말을 하죠. 인성에는 예술적 감수성이 전부 포함되어 있다고 할 수 있습니다. 앞으로 많은 학문이, 여러분들 중에 졸업반 학생들도 있겠지만 더욱더 내 전공 영역이 아닌 다른 영역에서도 적어도 기초적인 개념들을 습득을 해야 될 겁니다. 특히 1학년 학생들은 전공을 보다 더 폭넓게 사유하고 지식을 얻고자 해야 앞으로 미래 사회에 살아남을 수 있다는 것이 최근에 가장 중요한 교육계의 화두입니다.

그림이라는 것은 인성을 이루고 소양을 이룰 수 있기 때문에, 미대 학생만 그림을 공부한다? 아니에요. 사실 어떤 면에서는 기능만 중시하는 미대생에게는 미술 그 자체에 대한 이해가 없을 수도 있어요. 미안한 이야기이지만. 차차 보겠습니다만, 미술은 단순한 기능이 아니기 때문입니다. 왜 그림인가? 사실 우리는 철학 이야기를 했었습니다. 필로소피아의 어원 자체가 '소피아', 지식을 사랑한다는 뜻입니다. 맞습니까? 철학의 어원은 지식을 사랑한다는 것입니다. 근데 그 철학은 수많은 학문으로 발달되면서 오늘날 모든 학문의 모태가 되었다고 하지만, 철학이 가지고 있는 텍스트는 글로 되어 있죠? 즉, 글이라는 것은 우리 인간이 만들어온 모든 지식과 지혜를 기록해둔 도구입니다. 그림이라는 것도 마찬가지입니다.

문학이 글로 되어 있다면 그림으로 되어 있는 문학이 있을 수 있습니다. 즉, 그림으로도 인간 중심 활동, 그 궤적을 기록해 왔다는 것입니다. 그래서 글과 그림은 대등한 자격이 있는 서로 다른 매체가 아니라 사실은 한 뿌리를 가지고 있는 거대한 인류 자산이었죠. 그런데 우리는 그림이라는 것을 그렇게까지 생각을 못 하고 있습니다. 문자, 오로지 문자. 구텐베르크 이후 우리가 문자시대만 살아오다가 20세기에 들어와서 글이라는 미디어를 능가하는 새로운 미디어를 구상하게 되었죠. 전 세계적으로 영상 문화의 시대가 도래를 했습니다. 이미지 시대가 온 것이죠. 여러분이 하루 종일 보고 있는 스마트폰이 이미지이지 텍스트는 아닙니다. 그래서 그림으로 세상을 어떻게 볼 것인가 하는 고민이 시작이 되는 겁니다.

글과 그림 두 가지 매체가 언뜻 봐서는 다르다고 합니다. 가령 글은 1차원, 글이라는 것은 배워야 알 수 있는 기호입니다. 글 가운데 외국어는 배워야 알 수 있습니다. 할아버지는 아버지의 아버지이다, 우리가 협약을 한 기호입니다. 한 번도 우리가 사인을 한 적은 없지만 그러나 우리는 학습에 의해서 사회적 약속을 전

수해서 우리 한국어를 이해합니다. 영어? 영어 사회에서 만들어 낸 규칙을 습득함으로써 우리는 영어를 소통의 도구로 쓸 수 있습니다.

즉, 글이라는 것은 협약이고 자의적 기호입니다. 주로 좌뇌에서 관장한다고 그래요. 논리적인 기능을 담당하는 영역. 그런데 그림은 보통 2차원, 혹은 3차원으로 만들어져 있습니다. 평면 혹은 입체이지요. 그래서 그림을 딱 보면 '안다.' 영어로 말하면 'motivated sign' 우리말로 하면 유연적 기호이다, 보면 바로 알 수 있다, 심리적으로 어떤 자극이 주어지면 그것이 우리는 자동적으로 해석이 된다, 미리 학습할 필요가 없다, 그런 식의 이야기를 하고 있습니다.

사실 이 주장이 무리가 있습니다만 대충 그렇게 알고 있습니다. 이것은 우뇌에서 관여합니다. 그런데 글과 그림이 제가 아까 말한 것처럼 똑같은 중요성을 가지고 인간의 지식과 문명에 이바지해왔기 때문에 인간은 연차적으로 글, 그림 즉, 좌뇌와 우뇌의 고른 발전을 통해서, 협력에 의해 살아오기 때문에 좌뇌가 관장을 해온 글(논리적 측면)과 우뇌가 관장해온 직관, 감성, 공감 이런 능력이 같이 발달해야 됩니다. 그래야 우리가 좌뇌, 우뇌가 똑같이 성장해 나가면서 인간다운 사람이 되는 겁니다. 즉, 각각의 뇌가 관장을 하는 매체, 글과 그림 역시 서로 어떻게 닮아볼까, 어떻게 서로 소통을 해볼까 하는 노력을 인간은 계속 해왔습니다. 역사적으로 이 둘을 보완하려는 노력이 진행되었습니다.

김홍도의 서당 그림을 보면 한 친구가 매를 맞고 있습니다. 이 친구가 왜 선생님(훈장님)한테 야단을 맞고 있는지 아시나요? 스마트폰 하다가 졸았어요. 그죠? 그게 아닙니다. 왜 야단을 맞았을까? 왜 혼나고 있을까? 아마 제 생각에 이 친구는요 논어, 맹자에 힘들었어요, 글자가 힘들었어요. 그래서 무엇을 하고 있었냐 하면 낙서를 하고 있었어요, 책에다가. 그 엄격한 문자문화, 엄격한 유교문화가 지배하던 사회에서조차 인간은 본능적으로 그림으로 표현하고 싶어 했습니다.

그래서 이 친구가 교과서에 낙서를 했는데 내용을 보면 에로틱한 겁니다. 조선시대에도 이 아이들은 에로틱한 이슈에 관심이 많았나 봐요. 조선시대 포르노예요. 이것을 낙서하다가 선생님한테 들켜서 혼나고 있는 거예요. 그래서 이런 그림만 모아서 전시회를 하기도 합니다. 그만큼 여러분들도 초등학교 다닐 때 교과서 뒤에다가 낙서 많이 했죠? 담벼락에다가 낙서 많이 했죠? 변소에도 야한 그림 한 번씩 그려봤죠? 보기도 했죠? 즉, 그림이라는 것은 글 이상으로 우리의 본능에서 나오는 우리 스스로 표현 욕구를 충족하려는 도구였던 겁니다. 절대로 그림이 멀리 있었던 것은 아닙니다.

자, 그래서 우리의 소위 전통적인 예술양식 가운데 민화, 그 안에서도 '문자도'라는 장르를 보면, 사실 민화라는 것도 그런 것입니다. 조선시대에 엄격한 유교 이데올로기를 국민들한테 가르치려니 글자 가지고는 안 되겠다, 그림으로 해야겠다. 그래서 삼강오륜을 그림으로 가르치는 교과서를 정부에서 만들어 내서 관아를 통해 전 국민들에게 뿌려 그림으로 배우자. 예를 들어, 유교 이데올로기에서 충신효제예의인지 이런 여덟 개의 덕목을 그림으로 그리고 글로 썼습니다. 거기에 동원되었던 사례들이 주로 중국어의 고사였습니다.

예컨대 이런 것이 있지요. 민화의 신信을 보면 도교의 서왕모가 계시는 극락에서 파랑새가 신선들에게 메시지를 전합니다. 이리저리 가서 신선들을 우리 집에 데리고 와라, 그러면 그곳에서 천도복숭아를 먹으면 영생을 누릴 수 있으니 일 년에 한 번씩 파티하자. 서왕모. 말하자면 도교에서 최고의 여왕입니다. 서왕모가 다른 신선들에게 메신저를 보내요. 그때는 카톡이 없었으니까, 새한테 편지를 물고 가라. 그래서 그 새를 사람 인人처럼 만들고 말씀 언言을 넣으니 믿을 신信이 된다. 이것은 글자이지만 그림이잖아요.

도교라는 모티브를 은유적으로 그 획의 비슷한 은유적인 형상을 가지고 와서 '충', '어변성룡魚變成龍'이다. 촌에서 고기가 변해서 용이 되었다. 그래서 임금에게 충성한다. 입 구口자가 고기하고 용으로 만들어져 있어요.

이런 식의 예술이 우리나라에서 발전한 겁니다. 이것을 '문자도' 라고 하는데요. 문자와 그림이 합쳐져 있는 것. 이런 전통이 있는지라 요새 풍요로운 플래시 이모티콘 전통이 다 이것에서 나온 겁니다. 글도 아닌 것이 그림도 아닌 것이. 우리는 문자 대신에 플래시콘을 씁니다. 그림을 문자 대신 쓰고 있죠? 오늘날의 문자도입니다. 캘리그라피는 사실 글자이지만, 이미 그 글자의 독특한 폰트를 가지고 있는 조형성을 이용했으니 이것은 그림으로 봐야겠죠? 이게 일종의 문자도입니다.

도교에서는 가장 평범한 경지를 음과 양의 완벽한 하모니라고 이야기합니다. 최고의 경지라고 합니다. 평범하다는 것이 결코 쉬운 게 아니에요. 평범하다는 경지가, 음과 양의 절묘한 조화가 형상에서 나타나고 있다. 그것을 글자에서 찾아낸 겁니다. 천재나 이런 것을 할 수 있죠.

이런 전통이 있었기 때문에 가능했던 겁니다. 세계 최고의 플래시콘으로 세계 사람들을 깜짝 놀라게 한 창의적 DNA가 우리에게 있다는 거죠. 카톡에서 만들어진 이모티콘? 세계적으로 주목하고 있는 기가 찬 문자언어입니다. 새로운 그림언어입니다. 그래서 이미지라는 것이 알고 보면 우리와 굉장히 밀접합니다.

아침에 학교 올 때 신호등, 왜 우리는 빨간불일 때 서고 파란불일 때 건너가느냐? 수업 끝나고 한잔하러 가면 왜 우리는 간판을 보느냐? 아니면 심심하면 사진을 찍고 지웁니다.

학생들한테 주로 공강 시간에 무엇을 하나 물으면 사진을 찍는다고 합니다, 셀카. 어떻게 찍나요? 하루 종일 찍고 뭘 합니까? 다음에는 지워요. 왜 찍어요? 지우기 위해서요. 이메일 왜 해요? 지우기 위해서요. 우리는 소통의 수단이 과잉이 되면서 오히려 그 소통 수단이 우리를 얼마나 외롭게 만드는지 너무나 잘 알고 있지 않습니까? 원래 World Wide Web이라는 것은 거미줄이라는 뜻이에요 web은. 그게 세계적인 거미줄이 쳐져 있는데 우리는 거미줄에 걸려 있는 나방입니다. 외롭죠. 살려달라고 파닥파닥하면서 옆에 있는 다른 나방, 다른 벌레들과 소통해 보려고 하는데 점점 더 우리는 외로워질 뿐입니다. SNS를 자주하는 친구들은 자신이 외롭다는 것을 표현하고 있습니다.

이런 데에서 등장하는 것이 이미지입니다. 그만큼 이미지라는 것은 우리 일상에 너무나 많이 들어와 있습니다. 단지 우리는 그것이 우리 가까이 와 있고, 우리의 삶을 구속하고 있고, 더 나아가서 세상을 보는 창구로 작동하고 있다는 것을 우리는 의식을 하지 못했을 뿐입니다. 이미 우리 세계관은 이미지로 만들어 가고 있었던 것이죠. 제일 흔한 것이 하루 종일 사용하고 밤에 자기 전 화장실에 가서도 절대로 손에서 놓지 않는 기계 스마트폰. 이것이 무엇으로 되어있나요? 이게 다 그림이잖아요. 이미지이잖아요. 여기에 우리는 하루 종일 이미지를 소비하면서 이미지가 어떤 식으로 작동하는지에 대한 이해는 별로 없었던 것 같아요. 왜? 남자 친구가 여자 친구를 자기 집에 초대해서 맛있는 음식을 해줬습니다. 여자 친구가 먹어봤더니 짜고 맛도 없어요. 근데 그렇게 이야기하면 안 되니깐 뭐라고 이야기 해줍니까? "이야, 맛있다." 그래요? 아니면 "이야, 예술이다." 그래요. 예술이라고 하면 최고의 아부죠. 그 커플이 잘 돼서 드라이브를 갑니다. 시골로 다니는데 멋진 경치가 나왔습니다. 이야, 뭐처럼 아름답다? 뭐라고 그래요? 그림처럼 아름답다. 우리는 일상에서 그런 말을 씁니다. 멋진 걸 보면 멋지다고 하면 약하니까 예술이다. 좋은 경치를 보면 그림처럼 아름답다. 그러면 예술은 무조건 좋은 글씨이고 그림은 무조건 아름다워야 하나요?

우리의 일상 언어 속에서 예술, 그림에 오해를 하고 있는 거예요. 예술은 무조건 아주 고급스러운 가치. 그림은 무조건 아름다워야 해. 글쎄, 정말 그럴까요? 그래서 우리는 이 관념을 조금 생각해봐야 해요. 그림이라는 것이 뭔지 몰라도 우리가 그림에 대해서 잘못 알고 있는 거 아닌가? 그냥 직관적으로 보기 이전에 분석을 해야 그 그림이 주는 의미를 분석할 수 있을 텐데, 만약 내가 그림을 분석한다고 하면 저는 혼이 나요. 여러분한테 혼이 나고, 작가들한테도 혼이 날 거예요. 왜? 어떻게 그림을 분석한다는 말이냐? 그림을 보면 알 수 있다면서? 그림을 보면 우뇌에서 작동을 해서 안다고 제가 이야기 했잖아요? 또 제가 그림을 분석해도 이런저런 의미가 있어, '과연 작가의 의도도 그럴까요?'라는 질문을 하면 할 말이 없어집니다.

가장 중요한 것은 예술 작품을 함부로 난도질을 하느냐? 마치 화학 실험실에서 시료를 분석하듯이 어떻게 그림을 그렇게 할 수 있느냐? 이런 소리를 듣게 됩니다.

우리가 보티첼리의 '봄'이라는 작품을 알기 위해서는 사전 지식이 필요합니다. 얘가 비너스구나, 얘가 시집가기 전의 클로리스구나. 젊었을 때는 엄청 까불었는데 시집간 후에는 요조숙녀가 되었구나. 같은 인물이 두 번 나타나 있구나. 얘가 큐피드이고 얘가 어떤 날라리구나 등. 이런 신화를 모르고서는 그림을 알 수 없는 거죠. 그림을 보고 바로 알 수 있다? 그 말은 틀린 말입니다. 작가의 의도가 그러면 미안하지만 '작가'라는 것은 작가의 의식적, 무의식적인 것과 실제 그렇게 해서 그려놓은 결과 구체적으로 지각할 수 있는 것과 또 우리가 그것을 보고 느끼는 것은 일치하지 않습니다. 일치할 필요가 없습니다.

그림에는 여러 가지 의미가 많이 함축되어 있습니다. 보는 사람이 자기 능력껏 의미를 발견하는 것이 그림의 매력입니다. 그래서 그림을 해석하고 분석한다는 것은 메시지를 좀 보편적으로 재발견, 재구성하는 것입니다. 특히 내가 그 작품을 대했을 때 내가 그 작품을 대한 상황에서 이 메시지는 내게 어떤 의미를 줄까? 이것은 소위 말하는 미학적 문제라고 해서 까다로운 문제입니다. 쉽게 말해서, 그린 의도와 본 자신의 의도가 반드시 일치할 필요는 없습니다. 따라서 미술관에 가서 저 그림은 작가의 의도가 무엇일까, 하는 생각을 하면 바보예요. 자기가 하는 겁니다. 작가가 사인해서 걸어놓은 것은 우리 것입니다. 그때부터는 관람하는 자의 것이지 작가의 것이 아닙니다. 즉, 최소한의 메시지를 보편적으로 해석해 낼 수 있는 최소한의 도구, 분석 방법을 익힌 다음 그 방법으로 그림을 분석해서 만들어진 의미를 재구성하면 됩니다. 작품은 내 것이 됩니다. 이것이 오늘 제가 제일 하고 싶은 말입니다.

마지막으로 예술이라고 하면 우리는 접근하기 어려운 것이라고 생각합니다. 왜? '예술가' 하면, 무슨 또라이 아니면 위대한 천재 아니면 아주 이상한 놈들 등등. 우리가 도저히 따라갈 수 없는 생각을 가진 사람들, 신적인 존재라고도 합니다. 사실 피렌체가 미켈란젤로를 divino arist 라고 했습니다. 신적인 존재라는 표현을 썼습니다. 아니면 천재이거나 광기가 있거나. 물론 예술 시장 자체가 종교와 밀접한 관계가 있습니다. 종교 의례를 담당하는 샤먼들이 종교적 의식을 하기 위해서 장식을 했고, 그림을 그려왔고 치장을 했습니다. 그래서 예술가라고 하면 지금도 우리는 초월적인 힘, 초자연적인 능력, 한마디로 '샤먼이다.' 라고 생각합니다. 한마디로, '우리와 다른 사람이다. 나하고 차원이 다르다.' 그런 생각을 아직도 갖고 있습니다.

미안하지만 나는 이분들이 겪었던 창조의 고통은 이해를 합니다. 우리가 글 한 줄을 쓰려고 해도 머리 아파하는데 그림 하나 제대로 그려내기 위해서, 음악 하나 만들기 위해서 얼마나 많이 머리를 잡아 뜯어야 할까요? 그래서 창조의 고통은 이해를 하지만 이 사람들을 인간이 아닌 존재로 이야기하는 것에는 동의를 하지 않습니다. 그런 사례들이 너무너무 많습니다.

그리스 시대에 제욱시스라는 화가가 있었답니다. 그런데 그 화가의 작품이나 일대기가 기록으로 남아있는 것은 없습니다. 제욱시스라는 화가는 이런 사람이었다고 합니다. 시냇물을 그리면 고기가 펄쩍 뛰어올랐고, 나무를 그리면 새들이 와서 앉으려고 했답니다. 혹시 이것은 신라시대 솔거 이야기가 유럽에 전해진 것이 아닐까 싶어요. 그만큼 잘 그렸다고 합니다.

그뿐인가요? 유명한 일화입니다. 로마 바티칸 옆에 있는 시스티나 성당의 천장화가 미켈란젤로의 천지창조로 되어있다는 것은 여러분도 잘 아실 거예요. 지금은 잠시 문 닫았어요. 그 그림을 그릴 때 일화입니다. 그 당시 일화를 책으로 썼고, 영화로도 만들었어요. 영화의 주인공 캐스팅을 누가했나요? 벤허의 주인공. 벤허를 맡았던 사람과 그 당시 최고의 배우들이 미켈란젤로 역할을 맡고 미켈란젤로에게 그림을 그리라고 시킨 교황 율리우스 2세, 이 사람들이 영화를 찍었는데요. 교황은 르네상스시대, 중세 때 신이었습니다. 인간이 아니라 신이었죠. 모든 유럽 대륙의 국왕들 위에 있는 절대 권력을 가지고 있는 거죠.

율리우스 2세가 피렌체에 있는 미켈란젤로에게 "여기 와서 그려."라고 하자 미켈란젤로가 "저는 돌을 두드리는 조각가입니다.", "시끄러워, 니가 잘 그리니까 그려." 피렌체에 있는 미켈란젤로를 로마로 불러서 그리도록 시켰습니다. 미켈란젤로가 조건을 내걸었습니다. 제가 작업하는데 교황이 오면 짜증나니 집에 갈 거다. 교황이 약속했습니다. 작품 하는 동안 방해 안 하겠다고. 그런데 율리우스 2세가 교황 가운데 권력이 강한 교황이었어요. 멋진 교황이었는데 호기심이 많았습니다. 미켈란젤로가 그리는데 자꾸 들어와서 보는 거예요. 그때마다 미켈란젤로는 집에 갔어요. 그러면 군대를 풀어서 잡아와서 돈 더 줄까 하기도 하고 때리기도 하고 감옥에 넣기도 하고 또 달래기도 하고 그런 식으로 열일곱 번이나 했습니다.

이건 무슨 일화인가요? 그 당시 미켈란젤로의 예술의 힘이 교황과 맞먹었다는 겁니다. 물론 미켈란젤로도 보은을 합니다. 율리우스 2세가 죽고 난 뒤 영묘를 만들어 주는 그런 의리를 지키죠. 이 두 사람이 투닥투닥 싸우면서 나중에는 둘이 사귀냐 하는 오해를 불러일으켰다는 이야기가 있습니다. 그 당시 예술가는 교황과 맞먹는 권력을 가졌습니다.

이런 이야기도 있습니다. 장승업을 신화적 인물로 묘사한 '취화선'이라는 영화를 만들기도 했습니다. 빈센트 반 고흐는 자신의 초상화를 그렸는데 그림이 마음에 들지 않는다고 자신의 귀를 잘라 버렸다든지…. 우리가 알고 있는 예술가들은 광기, 천재, 우리와는 다른 사람이다, 그게 아니라는 말입니다. 그림을 분석한다는 것은 최소한 어떤 틀이 있으면 작은 틀을 하나 가지고서 그림을 분석하면 새로운 의미가 만들어질 것이고 그게 바로 나의 것이 됩니다. 틀이라는 것도 쉽게 만들어 지나요?

파노프스키라는 유명한 철학자가 있습니다. 이 사람은 정말 인간의 모든 지식을 가졌다고 해도 과언이 아닙니다. 어떤 그림이든 가져다주면 그 그림에 대해 몇 년도에 어디에서, 누가 만들었고, 이 그림의 원작은 어디에 있을 거야 등 여러 가지 해석이 가능한 사람입니다. 그래서 이 사람은 예술작품에는 네 가지 층이 있다고 말합니다. 눈으로 보는 것과 그 뒤에 있는 어떠한 사상적 배경에 의해서 만들어진 원형이 있다, 정의가 있다고 이야기합니다. 이 이야기를 이어받아서 에코라는 사람이 여러 가지 이미지를 이해하는 데 필요한 코드가 있다고 이야기를 해요.

파노프스키의 이론과 에코의 이론, 특히 에코의 이론. 저는 4, 5년에 한 번씩 만났습니다. 학회 때마다 오니까 에코의 이론을 공부해서 하나의 도식을 만들 수 있었습니다. 그 도식을 저는 '도상해석학적 접근 방법' 이라고 이름 지었습니다. 자세하게 이야기는 못 하고 간략하게 이야기하면 우리가 그림을 보면 1차원, 2차원, 3차원이든 예비 단계에서 누가, 언제, 어떤 환경에서 무엇을 썼는지, 오일이냐 수채화냐 아니면 먹이냐 등 이런 것을 먼저 파악하자는 것이 예비단계입니다.

두 번째는 딱 보니까 어떻게 느낀다? 직관적으로 총체적 파악을 해보는 겁니다. 세 번째는 무엇이 보이는가를 중립적 입장에서 분석해보고 마지막에 어떻게 보이는가. 어떻게 보이는가에 따라서 여기에 많은 약호(코드)들을 집어넣어요. 이 이미지에는 색채 코드가 있어요. 빨간색이 많아 보여요. 흥분, 열정이 보입니다. 형태의 약호가 있어요, 구도가 사선입니까? 굉장히 불안해요. 왜 푸른색일까? 이것도 뭔가 불안해요. 그래서 색채, 형태뿐 아니라 그 안에 있는 어떠한 약호까지 다 찾아내서 하나하나 분석을 해봅니다. 그래서 종합해 보면 내가 그 그림을 재해석해내는 결과를 얻어요. 중요한 건 그 결과가 반드시 작가의 의도와 일치할 필요는 전혀 없습니다. 굉장히 중요한 이야기입니다.

이런 도식을 해서 분석을 해봅니다. 이렇게 분석을 해보면 어떤 장점을 얻게 되는가 하면, 인위적으로 해체한 다음에 재구성을 하면 요소들이 어떤 식으로 관계를 맺었는가 보입니다. 가령 그림을 구사하는 요소는 점, 선, 면이라는 형태적 요소도 있고 색채도 있고 기법, 심지어 작가가 어떤 시점에서 힘을 뺐느냐 어떤 곳에서 돌렸는가 하는 흔적까지 나타납니다. 특히 동양화나 캘리그라피에서 붓이 어디에서 꺾였는가 이런 것까지도 회화의 기본요소인데, 이 요소들이 어떻게 긴밀하게 연관되어 있는지 알아보는 것도 굉장히 재미있습니다. 그림을 총체적으로 본 다음에 구성요소를 분석해보면 새로운 그림이 태어나게 됩니다.

지금까지 봐왔던 그림이 아니라 완연히 새로운 그림으로 다시 태어나게 됩니다. 그 과정 속에는 심미적인 즐거움, 소통적인 즐거움이 증가합니다. 우리가 SNS나 맛집에서 얻을 수 있는 저급한 즐거움과는 비교되지 않는 즐거움을 얻을 수 있습니다. 그러면서 여러분들의 감각, 시각이 세련되어 갑니다. 그러면 여러분 지식은 증가할 것이고 지식을 자발적으로 수용할 수 있는 자세가 점점 더 만들어지겠죠. 사실은 제 이야기는 이것입니다. 여러분들이 서른다섯 살 정도 되면요 이 자리에 계신 여러분들 반 이상은 외국에 있을 겁니다. 여러분들이 잘나서 외국에 있는 게 아니라, 외국이 아니면 밥을 못 먹고 사니깐 출장이 되었든 그곳에서 일을 하든 외국에 있을 겁니다.

지금도 주말에 일본 오사카 도톤보리에 가면 길거리의 80%가 대구에서 대학을 다니는 대학생들이에요. 옛날 우리가 서울에 가는 것보다 더 쉽게 외국(일본)을 돌아다닙니다. 그러나 지금은 여행을 가지만 나중에는 먹고 살기 위해서 외국에 나가야 합니다. 나가면 바쁘겠지만 미술관 갈 시간을 만들어야 합니다. 미술관을 많이 다녀봐야 합니다. 이것이 QOL(Quality Of Life)을 만들어가는 과정입니다. 작품을 보면서 감탄에 그치는 것이 아니라 최소한의 분석 방법을 스스로 연구한다면 시간이 지날수록 감각과 시선은 세련되어 갈 것이고, 더 큰 즐거움을 얻게 될 것이고, 글로벌화 될 것입니다. 사람이 멋져질 겁니다. 세상을 제대로 보게 될 것입니다. '내가 소통할 수 있다.' 이것이 내가 그림을 봐야 하는 이유이고 미술관을 가야 하는 이유입니다.

여러분들이 외국에 나가서 미술관을 가게 되면 확률상 볼 수 있는 그림은 현대미술일 겁니다. 그리스 로마, 이집트의 페르시아 도자기도 볼 수 있겠지만 아마도 현대미술을 볼 확률이 높을 겁니다. 그런데 일반적으로 사람들이 현대미술은 하나도 모르겠다고 그래요. 그런데 저는 정반대로 생각합니다. 현대미술이야말로 제일 쉽다. 왜? 현대인의 생활 그 자체가 다 들어가 있습니다. 제가 4천 년의 미술사를 5분 만에 정리하겠습니다. 내가 또라이거나 사기꾼이거나 둘 중 하나겠죠? 동양 빼고 서양만 보겠습니다.

옛날에는 그림도 있었는데 그림은 안 남아있죠. 대리석인 것들만 오래오래 있을 수 있어서 남아 있고 그림은 다 부식되었을 겁니다. 로마시대를 지나고 비잔티움. 그 다음은 신, 재미없어 사람으로 돌아가, 르네상스가 된 거예요.

르네상스가 중요한 이유는 인간의 눈으로 3차원의 세상을 2차원으로 옮길 수 있었다. 이것이 위대한 르네상스의 발명품인 원근법입니다. 르네상스 이후 더 이상 신이 아니라 벌거벗은 사람, 인간 이렇게 진행이 됩니다.

저는 세잔의 '산' 그림이 미술사에서 가장 의미가 있다고 봅니다. 그 그림이 왜 중요한가? 제가 공부하는 연구실에서 샹트 빅

투아르 산이 보였어요. 산 전체가 거대한 석회암 덩어리였어요. 신기한 건 '비가 온다, 맑다, 바람이 분다, 안 분다, 덥다, 춥다, 아침이다, 저녁이다'에 따라서 이 산이 다 다르게 보여요. 똑같은 산인데. 비가 좀 온다 싶으면 보라색이 되었다가 해가 뜨면 하얀색이 되었다가 어떨 때는 검은색, 분홍색 시시각각 색깔과 형태가 달리 보입니다. 왜? 빛이라는 것은 대기에 숨어있는 수증기의 양에 따라서 얼마든지 달라질 수 있습니다. 이 현상을 지켜본 사람이 폴 세잔이었습니다. 폴 세잔은 자꾸 변하는 산의 모습을 그림으로 그렸습니다. 이게 근대 미술의 최고봉이 됩니다.

그대로 그린 것이 아니라 내가 본 대로 그렸다. 그러다가 단순하게 묘사하게 되었다. 기호로 만들었다. 이게 바로 칸딘스키의 그림으로 세계적으로 유명한 '추상화'라는 것의 대표작입니다. 추상화라는 말은 쓸 수가 없어요. 비구상화가 맞습니다. 이 속에 들어있는 것들이 어렵게 느껴지는 겁니다. 이 속에 들어있는 것은 별것 아니에요. 젊었을 때 칸딘스키는 추상적인 그림을 그리지 않았습니다. 구상화를 그렸어요. 여기에서 만들어지는 형체를 기호화, 단순화한 것이에요. 여기서 느끼는 감정을 색깔로 표현한 거예요. 그렇다면 추상화는 어렵지 않습니다. 칸딘스키의 추상화가 이해되면 현대미술은 아무것도 아닙니다.

그래서 예컨대 뉴욕에서 만든 벽보다 넓은 캔버스 액자에 붉은색으로 칠해놓고 작품이라고 사기 치는 것이나, 빔을 쏘고 사람들이 움직이는 그림자가 작품이라고 하는것, 타자기인데 관객이 쳐줘야 종이가 나오면서 그 위에 무엇인가 그려집니다. 관객이 아무것도 하지 않으면 나오지 않습니다. 이것은 모듈입니다. 구멍 안에 넣어주면 넣어주는 상황에 따라서 그에 따른 형상이 나타납니다. 이와 같은 작품이 관객이 참여한다고 해서 interactive art라고 합니다. 이게 어떻게 가능한가? 작가들은 새로운 매체가 나타나면 꼭 그것으로 장난을 쳐봅니다.

옛날에는 먹으로 했다가 물감이 나왔어요. 석회에다가 그리다가 오일이 나타났어요. 동양에도 붓이 나타났어요. 여러분들도 어릴 때 크레파스로 그렸다가, 수채화 해봤다가, 파스텔 했잖아요. 그러다가 돈이 없어, 끝. 그다음 컴퓨터가 나타나고 디지털, 이 기술이 나타났어요. 작가들은 좋은 장난감을 가지게 되어서 신났습니다. 탁월한 도구를 가지고 있었습니다. 인간은 구텐베르크 이후에 시간을 극복할 수 있었습니다. 옛날에 일어난 사건을 문자로 기록해두면 옛날을 다시 만날 수 있죠. 시간을 극복했습니다. 텔레비전, 사진이 나온 이후 공간을 극복했습니다. 지구 반대편에서 일어나는 일을 텔레비전으로 볼 수 있어요. 컴퓨터가 나오면서 최근처럼 VR(가상현실)이 만들어져 현실과 비현실을 극복할 수 있게 되었습니다. 앞으로는 혼합현실이 나타날 수 있습니다.

이게 다 뭔가 하면 새로운 매체가 나타나면 예술의 내용이 바뛸 뿐 아니라 예술의 본질 자체가 바뀝니다. 지금 예술은 이만큼 발전했습니다. 이게 현대미술입니다. 이전의 사람들은 자신이 느끼는 대로 그리거나 원하는 대로 만들었습니다. 이게 오늘날 말하는 최첨단 미디어 아트의 본질입니다. 작가라는 인간은 항상 옛날 것을 버리고 새로운 것을 추구하는 인간이에요. 그 정신이 없으면 작가가 아니에요. 작가에게 새로운 도구를 주니 새로운 작품이 나오는 것이지요. 그래서 역사적으로 예술은 첨단 예술이었습니다.

이쯤 되면, 예술이라는 개념을 우리는 바꿔야 합니다. 전통적 예술은 수준 높은 정신 영역, 진정한 가치를 지닌 것을 모방, 아름다움을 표현한 것, 특수한 감정 환기, 순수한 형식적 특질이 주는 즐거움 등을 예술로 정의해 왔습니다. 이 정의들은 이제 낡은 것이 되었습니다. 이제 예술은 할 짓 다 해봤다. 옛날의 예술은 창조의 고통이 따르고 제작에서 약간의 기법이 필요했습니다. 작가는 나름대로 테크닉이 있어야 합니다. 그리고 재료를 다룰 수 있는 능력, 전시, 이것을 예술 작품이라고 했었습니다. 디지털에서는 이 모든 것이 웃기는 이야기가 된 겁니다. 안 그려도 돼요. 컴퓨터로 다 구현할 수 있어요. 짧게 배워도 이 정도는 얼마든지 구현할 수 있고, 날고 기어도 3D 프린터로 더 정교하게 만들 수 있습니다.

이제 작가는 죽었습니다. 이제는 기법도 중요하지 않고, 재료도 중요하지 않습니다. 무엇이 중요한가요? 창조, 아직까지 만들어 내지 않은 것을 만들어 내는 창의성, 그래서 이제 작가는 공부를 해야 합니다. 인문학 공부를 하고, 책을 보고, 철학 공부를 해야 합니다. 사실 따지고 보면 옛날의 진짜 미술가들은 철학가였습니다. 예를 들어 미켈란젤로, 괴테 등. 옛날에는 예술가가 사상가였고 학자였는데 지금 예술가는 기능인밖에 안 되잖아요. 인간은 발전하는 것이 아니라 쇠퇴하는 것 같아요.

이제 세상은 바뀌었습니다. 폴록이라는 사람이 있습니다. 깡통에다가 물감을 넣고 뿌리고 다닙니다. 아니면 몸에 물감을 묻히고 캔버스에 뒹굽니다. 이걸 백남준 씨도 흉내 냈죠. 그런데 이 짓을 했을 때 결과가 어떻게 될 것이라는 걸 예상했습니까? 아니죠. 그냥 해본 겁니다. 작품을 하기 위해서는 전통적인 예술은 생각을 하고 구상을 하고 제작을 해야 하는데 폴록은 제작은 있지만 생각이 없었습니다. 제작과 구상이라는 두 가지가 예술 작품의 마지막 마지노선이었는데 폴록은 구상을 안 했습니다. 이래서 이 사람이 수천 년 내려오던 예술 작품 개념을 송두리째 혁신시켜 놓은 현대미술의 아버지가 되는 겁니다.

후배들은 신났습니다. 열심히 따라하죠. 제작 안 합니다. 막 쌓아놓습니다. 자기들 말로는 차용이라고 해요. 워홀은 자신의 아틀리에를 예술 아틀리에라고 표현한 적이 없습니다. 이미지 팩토리라고 불렀습니다. 그림 찍어내는 공장이라고 불렀어요. 제자들을 이용해서 쉴 새 없이 찍어내고 깡통과 라벨 박스를 쌓았습니다. 왜 이렇게 똑같이 하느냐? 말은 그럴듯합니다. 우리가 그림을 가까이 접할 수 없는 원인은 항상 신비한 존재, 자주 볼 수 없기 때문입니다. 그림은 절대 비싼 것이 아니라 막 쏟아 내는 것이고, 많이 가져가라고 했는데 작품은 비싸졌습니다. 이 자체가 예술 작품의 아우라가 된 것이죠. 이러한 모순을 우리는 겪고 있습니다.

다음으로 '쿤스'라는 작가는 최고의 현대작가라고 하는데 표절과 키치의 대가라고 스스로 자랑하고 있습니다. 과도한 상업성을 목표로 하고 있습니다. 이쯤 되면 이런 것을 어떻게 예술이라 하고, 아름답고, 숭고하고, 고귀하고, 높은 가치가 있다고 하는지 생각해 봐야 합니다. 이만큼 현대미술은 와 있습니다. 이러니까 작가뿐 아니라 우리도 한다는 거죠. 이름 없는 작가들이 SNS에서 마음대로 표현하는 것을 우리는 보고 있습니다. 더 이상 예술 작품은 어렵게 생각해서 그럴듯한 곳에 전시를 하는 것이 아니라 항상 우리 주머니에서 꺼내보면 볼 수 있는 것, 우리도 참여할 수 있는 것, 서로 상호작용할 수 있는 것. 이렇게 바뀌었습니다.

단토라는 평론가는 이제 미술은 끝났다. 미술의 종말이다. 물론, 역설이죠. "미술은 성취되지 못한 목표를 달성해 버렸다."라고 했습니다. 예술 작품인 것은 무엇이고 아닌 건 무엇이냐고 물으면 단토는 이렇게 말합니다. 이제 최후의 보류가 남았다. 당신 아들이 아침에 오줌을 쌌다. 예술이냐 아니냐? 아니다. 왜? 주제가 없었다. 그냥 쌌다. 자연현상이었다. 그리고 그 주제를 해석할 수 없다. 그 말은 엔디 워홀이 작품을 찍어내든, 백남준 씨가 물건을 부수든 말든 두 가지만 있으면 예술이라는 겁니다.

하나는 주제, 두 번째는 그것을 해석할 수 있어야 합니다. 이것 두 개만 있으면 예술이라고 합니다. 그러면 예술은 예술가가 하는 것이다? 예술가는 이제 없습니다. 예술가란 존재는 없습니다. 미안하지만 미대, 음대 학생들은 예술가가 아닙니다. 그냥 창조의 고통을 조금 더 겪은 친구들. 약간의 기법을 다른 사람보다 많이 아는 친구들. 그러나 여러분이 하는 작품 활동에 주제가 없으면 예술이 아닙니다. 그 주제를 생각해 내는 인문학적 배경이 필요합니다. 책을 읽어야 하고 생각을 해야 합니다. 그래서 우리는 드디어 수천 년 옭매여 왔던 예술의 굴레에서 해방이 되었습니다. 미켈란젤로가 아니어도 고흐가 아니어도 우리도 예술가이다. 왜? 예술이라는 것을 이미지로 받아들이자. 그래서 여러분이 앞으로 미술관에 가게 되면 이런 마음으로 가야 합니다. 여러분들은 관객으로 가는 것이 아니에요. 참여하러 가는 겁니다.

여러분들이 그림을 봐주지 않으면 그 작품은 존재하지 않습니다. 작가의 손을 떠난 작품은 더 이상 작가의 것이 아닙니다. 여러분들이 보고 해석해주면 비로소 예술이 됩니다. 작가가 한 일은 반이에요. 나머지 반은 여러분들이 해야 됩니다. 그래서 여러분들은 공동작가로서 참여하는 것이지 그냥 수동적인 구경꾼이 아닙니다. 공짜로 되는 것은 아니죠. 많은 독서와 생각으로 자신의 역량을 키워야 됩니다. 자기 나름대로 해석 방법을 익히고 자신만의 무기를 가지고 있어야 됩니다. 그래서 앞으로 여러분들은 미술관에 가서 작가의 의도가 뭐지? 잘 그렸다, 하지 말고 내가 보기에는 별로야, 주제가 없어. 이런 생각을 해도 괜찮다는 말입니다. 그래서 이런 이야기를 그냥 해서는 안 되고 약간의 대가를 치러야 하는데 제가 추천하는 책을 읽어 보시기 바랍니다. 『스티브 잡스가 반한 피카소』, 『서양미술사』, 『미술을 넘은 미술』. 제가 말했던 미술의 혁신이 담겨 있을 겁니다. 여러분들이 미술관을 1년에 두세 번만 가보면 인생을 젊게 사실 수 있습니다. 감사합니다.

허 재 윤

청춘의
노랫가락

국악예술단 동동 대표. 영남대
학교 국악과를 졸업하고 한국
학 박사과정을 수료했다. 한국
국악협회 경산지부 이사를 맡
았으며, 다양한 활동과 공연을
통해 우리의 멋과 가락을 알리
는 데에 힘쓰고 있다.

국악은 감상용으로 무대화된 음악이라도 본질은 일방통행이 아닌 관객과의 한마당입니다. 그래서 지금은 무대와 객석이 나눠져있지만 국악은 한마당을 이뤄야지만 가능한 음악이기도 합니다.

반갑습니다. 그전에도 인문학 강의를 몇 강 들으셨을 텐데, 뜻 깊고 여러분에게 와닿는 말을 들었으리라 생각을 합니다. 제가 할 이야기는 국악에 대해서, 국악이란 무엇인지 기본적인 이해를 하고 난 다음에 종합예술을 중심으로 여러분하고 흥겨운 공연이 될 수 있도록 공연판을 벌이는 게 오늘 저의 주된 목적입니다.

　일단 국악에 대해서 설명을 드리겠습니다. 국악이라는 용어부터 짚고 넘어가겠습니다. 국악이라는 말은 일본식 내셔널 뮤직을 가지고 해석한 일본 용어입니다. 그래서 어떤 곳에서는 '국악과' 라는 표현을 쓰기도 하고, 어떤 곳에서는 '한국음악과' 라고 하기도 합니다. 그래서 지금 이 두 가지의 표현을 가지고 논쟁을 벌이고 있는 상태입니다. 그런데 오늘 저는 '국악' 이라는 용어를 쓴 이유는 아무래도 여러분이 국악하면 떠오르는 이미지들이 있을 거예요. 한국음악이라는 용어보다는 국악이라는 단어가 여러분의 이미지에 맞을 것 같아서 국악이라는 용어를 쓰도록 하겠습니다.

국악은 여러분이 생각하시는 것처럼 좁은 의미는 음악책에서 나오던 음악의 한 장르로 생각해도 되고요, 하지만 국악은 단순한 좁은 의미의 음악이 아니에요. 국악 안에는 음악, 악기, 춤, 그리고 소리. 악, 가, 무, 종합예술이 모두 포함되어 있는 것이 국악입니다. 그래서 여러분이 국악과라고 하면 가야금도 연주할 것 같고, 판소리도 조금 할 것 같고, 이런 이미지들이 있을 거예요. 여러분이 생각하는 게 맞습니다. 국악은 단순히 서양음악과 대비되는 그냥 음악. 이런 장르가 아니라 넓은 의미의 악, 가, 무, 종합예술이라고 생각하시면 됩니다.

그리고 국악은 특정 예술가에 의해 창조되지 않은 예술입니다. 예를 들면, 가야금 산조(기악독주곡)의 경우, 한 사람이 가야금의 기량에 자신의 개성을 더해서 연주를 너무 잘한다, 그러면 누구누구 '류' 라는 이름이 붙습니다. 가령, 김죽파류 가야금 산조 그리고 아니면 누구누구류 가야금 산조. 이렇게 해서 나의 개성이 악기에 스며들 수가 있습니다. 그다음 판소리 같은 경우에는 누구누구 '제' 라는 말을 씁니다. 가령 선생님의 이름 말고 호를 따와서 '만정제, 혹은 동초제' 라는 이름으로 특정 예술인이 아닌 자신의 개성을 그대로 녹여낼 수 있는 것이 국악의 특징입니다.

여러분 중에 오늘 강의를 듣고 국악에 관심이 있거나 한 획을 긋고 싶다면 내 이름이 들어갈 수 있는 기회가 생길 수 있습니다. 그런데 요즘은 국악이 감상용으로 많이 되었죠? 그런데 국악은 감상용으로 무대화된 음악이라도 본질은 일방통행이 아닌 관객과의 한마당입니다. 그래서 지금은 무대와 객석이 나눠져있지만 국악은 한마당을 이뤄야지만 가능한 음악이기도 합니다.

국악과 서양음악을 비교해보겠습니다. 국악은 3박 계통의 장단이 많아요. 그래서 천, 지, 인 삼재사상이 녹아있습니다. 그래서 1박 안에도 3소박이라고 작은 박이 나누어집니다. 그래서 아리랑~ 아리랑~ 3박이 많아요. 예를 들면 추임새 같은 경우도 얼씨구, 1박을 먹고 들어가면 얼쑤, 이런 식으로 된 것이 많고 아리 아리랑~ 쓰리 쓰리랑~ 이런 식의 3박 계통이 주를 이루고 있습니다. 그에 비해 서양 음악은 2박 계통이 주를 이루고 있습니다. 두 번째로 국악은 첫 박은 강하게 힘 있게 연주하는 경향이 많아요. 그래서 가야금을 연주하면 귀명창들은 가야금 첫 소리만 듣고도 저 친구 가야금 연주한 지 5년 되겠네? 아니면 50년 되겠네? 이런 것을 가늠하기도 합니다. 판소리도 첫 대목 들어가지도 않았는데 아니리를 들어보고도 그 사람의 경력을 가늠할 수 있습니다.

국악은 첫 음을 굉장히 중요시 여깁니다. 그래서 첫 박은 강하게 끝은 약하게. 서양음악 같은 경우는 오케스트라 곡을 들으면 곡이 진행되다가 맨 끝에 강하게 끝나는 경우, 아주 웅장하게 끝나는 경우가 주를 이루고 있죠. 이러한 특징도 국악과 대비가 되는 부분입니다. 또 국악은 즉흥적입니다. 굉장히 중요하죠.

국악에는 '시나위' 라는 것이 있습니다. 기악합주곡이에요. 여러 악기들이 앉아서 연주를 하는데 거기에서 즉흥이 들어가요. 거기에서는 누가 "오늘은 좀 길게 해보자.", "관객들 반응이 안 좋으니 짧게 해보자." 이런 말을 굳이 하지 않아도 연주하다가 서로의 눈빛을 보면서 연주를 통해 할 수 있습니다. 아니면 흥을 실어서 어떤 대목에서는 더 길게, 짧게 이런 즉흥성이 있어요.

서양음악은 악보에 정확하게 그리고 메트로놈에 따라서 박자도 규칙적으로 절대음 이런 것들이 굉장히 중요하죠. 그런데 국악은요, 여러분이 "저 음치인데요, 판소리해도 돼요? 악기 해도 돼요?" 이런 질문을 하세요. 충분히 가능합니다. 우리(국악)는 자신의 개성을 표현하는 것이 더 중요하기 때문에 음치, 박치도 국악을 할 수 있습니다. 그래서 흐름에 따라 즉흥적으로 작용을 하고, 조였다 풀었다 하는 긴장과 이완이 음악 속에 그대로 녹아있습니다. 그래서 어떤 대목에서는 클라이맥스로 치고 올라갔다가 내려갔다가, 여러분이 봄, 여름, 가을, 겨울을 생각하시면 됩니다. 잔잔하다가 확 피었다가, 차분해지다가, 이런 사계절의 원리가 국악이라는 음악 속에 들어있다고 보면 됩니다.

그러나 서양 음악은 아까 말한 것과 같이 리듬의 규칙성, 반복성이 있고, 예를 들면 초등학생 때 많이 배웠던 4박=강. 약. 중강. 약, 3박=강. 약. 약 이런 식으로 규칙을 정확하게 지키는 게 아주 좋은 연주라고 할 수 있습니다. 여러분 혹시 국악에서 가장 느린 장단이 뭔지 아세요? 가장 느린 장단은 진양조장단입니다. 그러면 가장 빠른 장단은 무엇일까요? 휘모리장단입니다. 휘몰아치죠? 중양조 장단부터 휘모리까지 장단이 있고 중간에 중자가 들어가면 중간 속도의 장단이라고 생각하시면 됩니다. 어떤 국악 선생님은 싸이의 '강남스타일'이 우리의 휘모리장단에서 얻어 왔기 때문에 히트할 수 있었다고 합니다. 휘모리는 휘감는다. 진양조는 천천히 간다, 이런 식으로 장단을 표현하고 있습니다.

여러분이 가장 대중적으로 많이 알고 있는 악기가 가야금입니다. 가야금 들어 보셨어요? 전통 가야금은 몇 줄일까요? 1월 부터 몇 월까지 있나요? 12월까지 있죠? 그러면 몇 줄일까요? 네 12줄, 정답입니다. 우주의 기운을 담은 게 가야금입니다.

중국의 쟁이란 악기가 있어요. 가야금이랑 비슷하게 생겼습니다. 이 중국의 쟁을 가실왕이 모방을 했어요. 그래서 여러분들이 가야금을 들으면 우륵이 먼저 떠오르실 겁니다. 원래 가야금을 만든 사람은 가실왕이에요. 우륵이 가야금을 가지고 히트를 시켰습니다. 가실왕이 우륵에게 '음악 좀 만들어 볼래?' 해서 음악을 만들었습니다. 가야가 망한 뒤 우륵이 이 악기를 들고 신라로 갑니다. 이후 신라 사람들이 가야에서 온 '고'라는 악기라는 뜻으로 '가얏고'라고 불렀습니다. 가얏고, 가얏고, 가야금 이렇게 지금에서야 가야금이라 불리게 되었습니다.

우륵 선생님에게는 세 명의 제자가 있었습니다. 계고(가야금),

법지(노래), 만덕(춤). 그래서 우륵 선생님이 제자 중에 계고에게는 가야금을, 법지에게는 노래, 만덕에게는 춤을 시켰습니다. 이렇게 해서 악, 가, 무가 시작된 시점이 우륵 선생님과 세 명의 제자부터입니다. 우륵 선생님은 충북 충주에서 가야금을 연주하며 생을 마감하게 됩니다.

가야금의 구조를 살펴보겠습니다. 맨 밑에 보면 봉미가 있습니다. 여러분이 아는 한자 봉 자 뭐 있어요? 새 중에? 그렇죠 봉황. 봉황 봉 자에 꼬리 미 자입니다. 봉황의 꼬리가 이렇게 생겼나 봅니다. 가야금에는 봉황의 꼬리도 들어가 있습니다. 그 다음 하얀 게 있습니다. 이것은 학승입니다. 학의 무릎을 닮았다, 이렇게 학도 들어가 있고요, 신기하죠? 저만 신기한가요? 줄은 무엇으로 만들까요? 명주. 명주는 무엇으로 실을 뽑죠? 누에. 누에도 들어가 있습니다. 그리고 안족. 안은 무슨 안일까요? 기러기 안. 기러기 발 모양을 닮았다고 해서 안족이라고 합니다. 그래서 가야금에는 기러기, 누에, 학, 봉황도 들어갑니다. 많은 동물의 이야기가 숨어 있었다는 걸 아셨나요?

산조가야금은 아까 말한 1년 열두 달처럼 전통 가야금이고요, 또 한 가지는 임금님들을 위한 정악을 연주할 때 쓰는 정악가야금입니다. 보통 선생님 저 가야금 샀어요, 하면서 들고 오는데 보통 가야금으로 민요를 연주할 때에는 산조가야금을 사서야 합니다. 정악가야금을 사서 아리랑 등 연주하시는데, 정악가야금은 정악에만 사용을 합니다. 지금은 산조가야금, 정악가야금 두 가지를 전통 가야금으로 나누어 볼 수 있습니다. 그러나 현재에는 12줄 말고도 몇 줄이 있을까요? 예전에는 18현 가야금도 많았고 현재는 25현 가야금을 가장 많이 씁니다. 줄이 많으니 음역대가 골고루 높아지고 다양한 음을 낼 수 있는 것이 현대에 만들어진 개량 가야금의 특징이라고 할 수 있습니다. 산조는 기악 독주곡이고 장구 반주가 들어가는 것이 특징입니다.

산조 음악 중에서 가장 먼저 만들어진 것이 가야금입니다. 그래서 첫 산조 악기가 가야금입니다. 가야금은 여성을 표현하는 악기이기도 하고요, 거문고는 남성을 표현하는 악기라고 말하기도 합니다. 실은 전통 가야금 소리는 넓은 공간보다는 방중악이라고 해서 자그마한 방에서 들으면, 한복을 입고 연주를 하면 한복이 악기와 부딪히는 소리부터 해서 우리가 농현이라고 하죠, 줄을 눌러줄 때 그 소리가 음향에서는 잘 안 들리지만 가까이에서는 들립니다. 그 소리와 같이 녹아들면 훨씬 더 좋습니다.

이제는 판소리에 대해서 보겠습니다. 조금 전까지는 악기 소리였고, 이제부터는 노랫소리에 대해서 보겠습니다. '청춘의 노랫가락' 의 포인트가 바로 판소리입니다. 판과 소리의 합성어입니다. 판은 세 가지 큰 특징이 있어요. 예를 들면, 첫 번째는 씨름판, 노름판과 같이 특정한 장소에 사람들이 모여 있으면 어떤 일이 벌어지는 판을 이야기합니다. 두 번째는, 바둑판과 같은 게임이 처음에서 끝까지 한 판, 두 판 과정이 있고 승패의 결과가 있는 판을 이야기하기도 합니다. 세 번째는 판굿, 판놀음처럼 놀이에서의 판을 의미하기도 합니다. 판소리는 생각해보면 처음부터 끝까지의 이야기 과정이 있고요, 관객들이 모여서 일정한 공간을 만들어줍니다. 그리고 당연히 놀이판도 해당이 됩니다. 그래서 판소리 애호가들이 지금까지도 있고, 귀명창들이 있을 정도로 판소리가 유지될 수 있었던 이유 중 하나입니다. 그리고 판소리를 하는 사람들을 명창이라고 하죠? 그런데 민요를 부르는 사람은 명창이라는 호칭까지는 없습니다.

판소리는 이 모든 것을 아우르기 때문에 명창이라는 단어까지 있는 겁니다. 거기에다가 소리가 더해지죠. 여기서 소리는 자연의 소리, 귀신의 소리 이런 것들이 다 포함이 됩니다. 그래서 판과 소리가 합성이 되어서 판소리가 탄생하게 됩니다.

판소리는 조선 중기 이후 남도 지방, 전라도 지방에 특유한 곡조로 발전을 하고 있고, 판소리 3요소가 무엇인가요? 창, 아니리, 발림. 창은 뭘까요? 쉽게 말해서 노래, 아니리는 말하는 것, 대사처럼 주고받는 것, 발림은 몸짓, 판소리하는 사람은 손에 무엇을 들고 할까요? 부채. 부채는 펴기도 하고 접기도 하고. 이런 동작들을 '발림' 이라고 합니다. 창, 아니리, 발림 3요소에 하나를 더 추가하면 추임새도 추가를 할 수 있습니다. 판소리에서 북 치는 선생님을 무엇이라고 할까요? 고수. 고수의 북 장단에 의해서 처음부터 한 사람의 극음악으로 진행이 되는 것이 판소리입니다.

판소리 다섯 바탕 중에 아는 것이 무엇이 있습니까?「흥부가」, 「춘향가」, 「적벽가」, 「사랑가」는 「춘향가」 안에 들어갑니다. 「심청가」, 마지막으로 「수궁가」가 있습니다. 원래는 열두 바탕이었어요. 그러나 사람들이 안 들어주고, 안 불러줘서 여섯 바탕이 사라지고 현재는 다섯 바탕만 전해지고 있어요. 그런데 다섯 바탕도 우리가 안 들어주고, 안 불러주면 없어질 수도 있습니다. 이것만큼은 계승해 나갑시다. 판소리에서 추임새가 굉장히 중요합니다. 추임새에 대해서 잠시 배워 볼게요. 추임새가 뭔가요? 흥을 돋우는 말. 상대방을 치켜세워 주죠.

'얼씨구~ 절씨구~ ', 태권도 기합처럼 '어이!'. 이런 것들이 추임새입니다. 판소리를 하면 추임새를 많이 넣어 주셔야 해요. 그런데 우리는 왠지 추임새라고 하면 다 쳐다볼 거 같고 무섭고 그렇죠? 이것도 연습이 필요합니다.

판소리를 섬진강을 기준으로 서쪽을 서편제, 동쪽을 동편제라고 합니다. 서편제의 특징은 기교를 많이 부리는 그런 잔가락이 많은 것이 특징이고, 동편제는 씩씩하고 우렁찬 것이 특징입니다. 서편제, 동편제 말고 중간에는 중고제라는 것이 있습니다. 중고제는 충청도와 경기도 일대를 생각하시면 됩니다.

여러분 추임새가 아직은 어려우시죠? 그만큼 우리가 아직 우리의 문화에 대해서 낯설어 한다는 증거에요. 국악 공연 많이 봐주세요. 서편제는 이청준 선생님의 소설이 영화화되고 뮤지컬 그리고 청산도까지 유명해지고요. 서편제 주인공의 아버지였던 김명곤 선생님이 장관까지 되는 영화가 되었습니다. 그리고 수지. 수지가 「도리화가」라는 판소리 영화에 출연을 해요.(진채선 역) 수지가 「사랑가」를 부르는데 미안하지만 못 들어 주겠더라고요. 너무 어색하고. 또 중요한 것은 영화에서 류승룡 배우하고 커플입니다.(신재효 역) 신재효 선생님은 판소리 사서를 다 정리했어요. 판소리 학교도 만들고 우리 판소리를 할 수 있게 보급해준 사람입니다. 두 사람의 나이 차이가 서른 살이나 납니다. 서로 사랑하는 사이였어요. 그래서 류승룡 씨와 수지 씨를 배역으로 쓴 것 같은데 너무 안 어울려요. 그리고 사람들이 영화를 많이 안 봤더라고요. 여러분 시간되면 「도리화가」 한번 보시기 바랍니다.

「도리화가」는 신재효 선생님이 진채선 제자를 그리워하면서 노래를 직접 만든 겁니다. 수많은 단가도 만들고 민요도 만들고. 신재효 선생님이 없었으면 국악계는 큰일 날 뻔했습니다.

그리고 「해어화」 이 영화는 판소리 얘기는 아니지만 정가라고 있습니다. 그 정가를 다룬 소재입니다. 해어화는 옛날에 당나라 현종 아시죠? 당 현종이 누구랑 만났죠? 유명한 여인 양귀비. 둘이 연못을 산책하다가 연꽃을 보고 "너는 참 아름다운데 말하는 꽃에 미치지 못한다."라는 말을 했습니다. 그래서 '말을 이해하는 꽃'이라는 주제로 마지막 기생에 대한 이야기입니다.

전통 판소리와 퓨전 판소리, 요즘은 자꾸 무대화되고 공연화되다 보니까 쿵짝쿵짝거리고 신나는 것을 요구해서 퓨전 판소리를 많이 연주하기도 합니다.

우리나라의 전통춤은 세 가지로 나누어 볼 수 있습니다. 노란 한복 입고 손에 낀 것, 그것이 한삼입니다. 정재라고 해서 궁중에서 행해지는 춤과 전통춤. 100년 이상 되고 문화재로 지정됐습니다. 세 번째는 민속춤으로 일반 백성들이 즐겁게 추는 춤, 이렇게 세 가지로 나눌 수 있습니다. 여러분들은 살풀이, 승무, 부채춤은 흔하게 보셨을 거예요.

항상 흥겨움의 표시로 마지막은 풍물놀이 무대로 장식하기도 합니다. 연희 한 마당에 대해서 알아보겠습니다. 연희에는 악, 가, 무가 다 들어갑니다. 가장 많이 아시는 것이 남사당패 놀이. 지금도 안성에 가면 경기도 바우덕이 축제. 바우덕이가 여성으로는 유일하게 대장 역할을 하면서 남사당패를 이끌었다고 합니다. 그래서 처음에는 남사당패가 여성들 중심으로 이루어지다가 점점 남성들만의 집단으로 바뀌게 됩니다.

지금으로 말하면 엑소 그룹의 아이돌이 40명, 50명 모여서 집단을 이루었다고 생각하시면 됩니다. 그리고 무동, 어린아이들도 있고요. 여성에서 남성으로 무리가 바뀌고 유량 예인집단입니다. 광대보다도 더 천대받는 부류였습니다. 그리고 서열을 보면 남사당패의 대장 꼭두쇠, 그 밑에는 곰뱅이쇠. 어떤 마을에 들어가서 고을 영감님께 여기서 공연해도 될까요? 우리는 이런 공연을 한다, 등 기획자 역할을 합니다. 그리고 뜬쇠. 그 집단에서 춤, 무용에 기예가 뛰어난 단장 역할을 하는 사람. 그다음 부반장 역할을 하는 가열. 삐리는 집단에서 가장 낮은 서열이라고 생각하시면 됩니다. 그래서 삐리라는 친구가 주로 여장을 해서 여자 역할을 하면서 노는 겁니다. 그리고 저승패는 원로. 현장에서는 활동을 못 하는 나이 드신 분들이 고문 역할을 합니다. 남사당패는 이런 식으로 구성이 되어 있습니다.

연희를 잘 보여주는 영화가 있었죠? 「왕의 남자」 영화에 나온 집단 남사당패를 생각하시면 됩니다. 남사당패의 공연을 보면 첫 번째는 뒹굴고 돌고 재주넘는 것이 있습니다. 이것을 살판이라고 합니다. 두 번째는 풍물, 연희, 판굿, 버나. 이런 놀이들을 합니다. 다음으로 줄타기. 덜미라는 인형극. 덧뵈기 탈을 쓰고 있고, 지금의 탈놀이라고 생각하시면 됩니다. 이런 식으로 무대를 풍성하게 합니다. 이것이 남사당 연희의 특징입니다.

영화 「왕의 남자」를 보면 서로 재주를 보이면서 기 싸움을 하는 장면이 나옵니다. 이 영화를 보시면 연희 패거리들이 어떻게 놀았는지 상세히 잘 나와 있습니다.

여러분, 국악 많이 사랑해주시고 오늘 강의는 마치겠습니다.

김 훈 호

중국인들의
농담과 웃음

순천대학교 중어중문학과 교수. 중국 북경대학, 하북사범대학(중국) 등지에서 연구한 중국통이다. 『한자와 문화』, 『중국언어학의 이해』, 『중국 지역의 이해』 등의 저서가 있다.

인유사희人有四喜, 1) 긴 가뭄에 단비를 만날 때, 2) 타향에서 벗을 만날 때, 3) 신혼 첫날 화촉 밝힌 밤에, 4) 과거에 급제했을 때. 이 네 가지 중에서 기쁨을 얻어야 합니다.

안녕하세요, 김훈호입니다. 만나서 반갑습니다. 세계에 어록을 가진 사람이 두 사람 있는데 한 사람은 저, 김훈호 교수이고, 다른 한 사람은 중국의 마오쩌뚱입니다. 두 사람밖에 어록이 없어요. 다른 사람은 대화라든지 소설을 통한 발언입니다. 어록을 가진 사람은 두 사람인데 어록을 읽어보겠습니다.

첫 번째 어록, 그날 자고 그날 일어나면 희망은 없다. 오늘 자고 오늘 일어나는 사람 있으세요? 이런 사람은 희망이 없습니다. 답이 없습니다. 여기에 절반 이상이 그럴 거예요. 두 번째, 위인전을 읽을 필요 없다, 위인은 바로 너다. 위인은 누구냐? 여기 앉아있는 여러분, 아니면 여러분의 아버지, 여러분의 할아버지. 셋 중에 한 명이 위인이 있어요. 위인전을 읽고 참고한다든지 그러지 마세요. 여러분들하고 관련이 없습니다. 세 번째, 스마트하지 않은 사람이 자주 스마트폰을 쓰면 매우 위험하다. 원래 스마트폰이라는 것은 멍텅구리폰이라고 하면 사람들이 안 쓰니까 스마트폰이라고 이름을 지어준 거예요. 그러니까 멍텅구리들이 자신이 스마트하다고 알고 지금 이 순간에도 손에다 대고 있어요. 독이 온몸을 타고 흐르고 있습니다.

제가 대학교를 들어가니 그때 중독성이 강한 야동이 개발이 되었어요. 1980년대. 그때 야동을 보면 중독성이 얼마나 강한지 견딜 수가 없었어요. 여러분이 만지고 있는 스마트폰이 중독성이 강해서 여러분 인생을 갉아먹는 것이 될 거예요. 제가 학생들에게 휴대폰을 하루만 나한테 맡기면 좋은 학점을 주겠다고 하니 10명 정도 저한테 맡겼어요. 5분 뒤에 몇 명이 찾아갔냐 하면 9명이 찾아갔어요. 견디지를 못 해요. 수전증이 생겨요.

중국 사람들 말에 '외래화상능명겸' 이라는 말이 있어요. 외래라는 말은 바깥에서 왔다. 화상이란 말은 중, 능은 할 수 있다. 불교 경전이나 염불을 바깥에서는 중이 잘 외운다는 말입니다. 무슨 말이냐 하면, 중국에 가면 광동에서 온 중이 염불을 외우면 산동 사람이 못 알아듣습니다. 그런데 산동에 있는 중이 염불을 외우면 산동 사람들이 다 알아듣습니다. 그러니까 중이 염불을 외우면 다 알아들으니까 사람들이 생각하기를 그 스님은 별 볼일 없다 생각합니다. 그런데 광동에서 온 중이 염불을 외우는데 광동어로 염불을 외우니 무슨 말인지 이해를 못 합니다. 그 동네 사람들이 못 알아들으니까 그 사람들 생각에는 '바깥에서 온 중이 염불을 잘 외우는구나.' 라고 생각합니다. 오늘 제가 한 이야기를 여러분들이 이해를 못 하면 제가 염불을 잘 외운다고 생각하시겠죠? 어떻게 생각하십니까? 강의를 들을 때 '여러분 생각을 버리고 제 이야기가 맞다.'라고 생각하시고 들으면 좋을 것 같습니다.

차의 브레이크가 속도를 내기 위해서 있습니까? 속도를 줄이기 위해서 있습니까? 줄이기 위해서 있습니다. 그런데 제가 오늘 하는 이야기는 차의 브레이크가 속도를 줄이기 위해서 있는 것이 아니라 속도를 내기 위해서 있다고 주장을 할 것입니다. 왜냐하면, 브레이크가 없는데 속도를 낼 수 있어요? 그렇기 때문에 제가 오늘 할 이야기는 '브레이크가 속도를 줄이기 위해서 있는 것이 아니라 속도를 내기 위해서 있다.'라고 말하게 될 겁니다. 이 말을 이해하시기 바랍니다. 중국 고전에 보면 '흰 말은 말이 아니다.'라는 말이 있습니다. 이 말 이해하시겠습니까? 제가 브레이크를 그렸어요. 왼쪽에는 백, 오른쪽에는 말, 중간에는 백마. 백마는 말이 아니죠? 이해되십니까? 백마는 백도 아니겠죠? 그러니까 백마는 말이 아닙니다.

논리상의 오류를 인정하고, 과거는 지나갔습니다. 과거에 대한 기억은 많은 사람들, 특히 영리한 사람들이 기억하려고 합니다. 예를 들어서 여러분들은 중국을 좋아하십니까? 일본을 좋아하십니까? 아니면 둘 다 싫어하십니까? 제 말이 맞다고 보시고, 객관적으로 우리가 일본을 싫어하는 이유는 우리가 기억하기를 100년을 기억하기 때문에 그렇습니다. 우리가 500년, 천 년을 기억하면 중국 사람을 미워하게 될 겁니다. 그러니까 무슨 이야기냐 하면 '우리가 중국 사람, 일본 사람을 좋아하고 싫어하는 것은 우리의 기억력 때문입니다.'라고 제가 이야기합니다. 여러분 생각은 어떠십니까? 과거는 흘러간 것입니다.

여러분이 공무원 시험을 보기 위해서는 국사 공부를 해야 합니다. 저는 그것에 반대합니다. 국사는 우리나라 5천만 명 중에 10명만 제대로 공부하면 됩니다. 우리까지 공부할 필요가 없습니다. 저도 공부할 필요가 없다고 생각합니다. 신채호 선생님이 역사를 모르면 그 역사를 되풀이한다고 이야기하셨다는데, 제가 보기에는 그 말도 틀렸다고 생각합니다. 여러분, 과거는 지나갔습니다. 그렇다고 미래는 있습니까? 미래도 없습니다. 여러분 미래가 없습니다. 왜 없습니까? 오지 않는 것을 미래라고 합니다. 미래를 본 사람이 없습니다. 왜 없습니까? 없기 때문입니다. 여러분에게 미래가 있다고 총장, 대통령이 이야기하는 것은 다 거짓말입니다. 왜? 미래는 없기 때문입니다.

지금까지 미래를 만난 사람은 한 명도 없습니다. 저도 못 만나 봤고 아마도 여러분들도 미래를 만나지 못할 겁니다. 만나려고 해도 없어서 못 만날 겁니다. 저는 미래에 대해서 여러분에게 이야기하는데 미래에 대한 계획은 환상일 뿐입니다. 남아 있는 것이 아닙니다. 미래는 오지 않는 것을 미래라고 할 뿐입니다. 여러분은 어떻게 사셨습니까? 바람직한 일을 하면서 사셨습니까?

바라는 일을 하고 살았습니까? 해야 하는 일을 하면서 살았습니까? 아니면 하고 싶은 일을 하고 살았습니까? 좋은 일을 하면서 살았습니까? 좋아하는 일을 하고 살았습니까? 여러분은 어떻습니까? 학점을 따기 위해서 앉아 계십니까? 하기 싫으면 안 하셔도 됩니다. 하기 싫은 것을 억지로 하지 마십시오. 왜 그렇게 해야 합니까? 짧은 인생인데, 스무 살의 인문학인데요.

여러분은 이 세 가지 중에 무엇이 중요합니까? 1) 나입니까? 너입니까? 아니면 우리입니까? 2) 역사, 문화, 지리입니까? 제 생각에 1번은 맞고 2번은 틀렸습니다. 역사는 지나간 것입니다. 필요가 없습니다. 문화는 현재 있는 것입니다. 그리고 지나간 것도 있습니다. 지리도 현재 있는 것입니다. 역사는 별로 중요한 것이 아닙니다. 저는 지리가 중요하다고 생각하는 사람입니다. 여러분하고 생각이 다릅니까? 역사는 어떻게 할 수가 없는 것입니다. 이미 되어있는 것을 어떻게 보냐 하는 것입니다. 여러분은 진보를 좋아합니까? 보수를 좋아합니까? 진보, 보수는 무식한 사람들이 하는 이야기입니다. 그런 것을 따지는 것은 어리석습니다.

중국에 한 교수가 대한민국의 수준이 있느냐 없느냐? 그 집안이 괜찮은 집이냐의 판단을 무엇으로 하느냐? 그 사람이 책을 많이 읽었느냐 하는 것으로 판단하지 않습니다. 아침 밥상에 반찬이 몇 가지가 올라오느냐를 보고 그 집안, 그 사람의 수준을 알 수 있다는 것입니다. 여러분 어떻게 생각하십니까? 저는 동의합니다. 예수님도 돌아가실 때 최후의 만찬을 가졌습니다. 무슨 말입니까? 밥 먹는 것이 중요하다는 것입니다. 예수님이 왜 내일 죽는데 최후의 만찬을 가졌겠습니까? 밥 먹는 것이 중요하다. 진보냐 보수냐가 중요하지 않습니다. 그것은 밥 먹는 것보다 중요하지 않다고 생각합니다.

여러분 스승은 누구로 삼을 것입니까?

1. 김훈호 2. 아버지 3. 컴퓨터 4. 책 5. 친구 6. 배우자 7. Gelt 8. 정부 9. 선거

이 보기에 있는 것들은 다 틀렸습니다. 스승은 '나를 스승으로 삼아라.', '자기 마음을 스승으로 삼아라. 남을 따라서 스승으로 삼지 말라. 자기를 스승으로 삼으면 능히 참되고 지혜로운 스승을 얻나니.' 라고 말하고 있습니다.

제가 종교가 있는데요, 저는 불교, 천주교, 기독교 세 개를 다 믿습니다. 어디에 걸릴지 모르니까. 저는 제 자신을 안 믿습니다. 제가 몸이 좀 아픕니다. 뇌출혈이 있습니다.

여러분은 어떻게 생각하십니까? 대한민국이 헬조선입니까? 믿을 것이 없습니까? 좋은 대학에 다니면 뭐 합니까? 본인이 좋아야지요. 아무 의미가 없습니다. 여러분 어떻습니까? 자기 자신을 스승으로 삼아라. 윤동주 시인의 시 중에 「내일은 없다」라는 시가 있습니다. 여러분보다 100년 먼저 살았던 사람의 시입니다. 아마 여러분은 윤동주 시인의 「서시」, 「별 헤는 밤」만 있는 줄 알

았을 텐데 이런 시가 있다고는 꿈에도 생각 안 했을 겁니다. 저는 윤동주 시인의 시 중에 최고의 시라고 생각합니다. 중국 사람들이 '청년이여, 세 가지를 하라' 고 했습니다. 청년 삼방면의 재능. 1) 독만권서(만 권의 책을 읽어라) 2) 행만리로(만 리의 길을 가라) 3) 교만인우(만 명의 벗을 사귀어라)

중국 사람들은 다음 네 가지 중에서 기쁨을 얻습니다. 여러분도 여기에서 기쁨을 얻지 못하고 다른 곳에서 얻는 사람들은 문제가 있습니다.

인유사희人有四喜, 1) 긴 가뭄에 단비를 만날 때, 2) 타향에서 벗을 만날 때, 3) 신혼 첫날 화촉 밝힌 밤에, 4) 과거에 급제했을 때. 이 네 가지 중에서 기쁨을 얻어야 합니다. 게임에서 고득점을 얻었을 때도 아니고 원하는 대통령이 당선되었을 때도 아닙니다.

독일의 괴테가 속도와 방향에 대해서 이야기했습니다. 여러분 4G가 뭐예요? 5G, 2G. 2nd Generation. 어떤 사람들은 2G 쓰다가 5G를 쓰면 나라가 발전을 했다고 생각합니다. 정말 그렇게 생각하십니까? 그것이 아닙니다. 2G 쓰다가 5G를 쓰면 속도가 빨라진 거예요.

저나 최재목 교수님이 젊었을 때는 시간이 지나면 무엇이든지 Quality(질)가 좋아졌습니다. 여러분이 사는 세대는 시간이 지나면 지날수록 퀄리티가 좋아지기는커녕 나빠지고 있어요. 왜 나빠지고 있어요? 저도 모르겠어요. 저는 대학교를 졸업하니까 어디 취업을 하냐 했어요. 그런데 여러분은 졸업한 뒤 어디로 취직을 해요? 취직할 데가 없어요. 왜 없어요? 공부를 열심히 해도 안 됩니다. 여러분은 시간이 지날수록, 빠르면 빠를수록, 빨리 추락합니다. 그러니까 2G 쓰다가 5G를 쓴다고 나라가 좋아지는 것은 아닙니다.

괴테가 말하기를 나라가 좋아지면 속도가 중요한데 문명이 후진화되면 속도보다 방향이 중요하다. 그래서 대한민국에서는 속도가 중요한 게 아니라 폴더 폰을 쓰는 것이 스마트폰을 쓰는 것보다 훨씬 낫습니다.

여러분 세월호 사건에 대해서 생각들 많이 하십니까? 저는 세월호 사건이 일어났을 때 중국에 있었습니다. 그때 중국 친구가 저한테 한 말이 있습니다. 대한민국은 수준이 높은 것은 못해. 수준이 낮은 것은 안 해. 쉽게 말해서, 인공위성은 못 쏴. 겨우 하는 것은 자동차, 반도체는 하는데 수준 낮은 것은 안 해. 똥은 내가 싸는데 치우는 거는 안 해요. 가장 위험한 나라예요. 대한민국이 쓰레기통으로 바뀔 수 있는 엄청난 조건이 된 거죠. 어떻게 생각하십니까?

여러분이 여러분 아버지라고 생각해 봅시다. 여러분이 대한민국 대통령이라고 생각해 봅시다. 태상太上, 태상은 최고라는 말이에요. 넘버1. 그다음 넘버2, 넘버3, 넘버4. 사람의 수준을 도덕경에서 정해놨어요. 최고 좋은 대통령, 최고 좋은 아버지, 최고 좋은 나는 어떤 사람이냐? 태상은 밑에서 위가 있는 것을 알아.(下知有之) 대통령이 있는지는 알아. 그런데 누군지는 몰라. 그 사람이 최고다, 그 말이에요. 그다음 최고는 그 사람 정말 좋은 사람이다, 그 사람이 두 번째. 세 번째, 그 사람한테 잘못 걸리면 죽는다, 무서워해요. 세 번째. 네 번째, 갖고 놀아. 아버지가 있어요. 우리 아버지 있긴 한데 언제 집에 왔다가 출근했는지 몰라. 그 사람이 최고 아버지. 두 번째 아버지, 우리 아버지 참 좋아. 세 번째 아버지, 우리 아버지 무서워. 네 번째 아버지, 우리 아버지 웃겨, 하면서 갖고 노는 아버지. 최고의 나, 최고의 여러분 있는 둥 없는 둥 하는 사람. 최고로 좋은 사람입니다. 여러분은 어디에 속하십니까? 여러분이 만나는 교수님은 어디에 속합니까? 여러분이 오늘 아침에 만난 아버지는 어디에 속합니까? 아니, 그것은 별로 중요하지 않고 여러분은 어디에 속합니까? 여러분 주변에 있는 친구가 여러분을 어떻게 봐요? 태상으로 봅니까?

중국 사람들이 차를 마시는데, '차 마시세요.' 어떻게 해요? '허차~ 칭허차'. 그런데 사람이 안 가는 거예요. 이제 좀 갔으면 좋겠는데, 차를 그만 마시고. 그때는 어떻게 하시는지 아세요? 차를 따라 주면서 말을 하면 차 마시라는 소리인데, 차를 안 따라주고 말을 하면 가라는 말이에요.

중국 사람들은 심한 말을 못 해요. 그리고 마음에 있는 말을 솔직하게 못 해요. 저는 솔직한 이야기를 하겠어요? 아니겠어요?

중국 사람들은 솔직하게 말하는데, 라고 말 해놓고 그렇게 안 해요. 저도 그렇습니다. 세상을 정확하게 보려면, 아버지를 정확하게 보려면, 대통령을 정확하게 보려면 어떻게 해야 되느냐? 우리 아버지는 이러이러해야 한다, 대통령이 이러이러해야 한다, 이렇게 보면 정확하게 볼 수 없어요.

대통령이 어떤 사람인지 알기 위해서는 보고 싶은 대로 보면 안 돼요. 아버지가 하고 싶은 욕망이 무엇이냐? 대통령이 하고 싶은 것이 무엇이냐? 보이는 대로 봐야 합니다. 보고 싶은 대로 보면 정확하게 볼 수 없어요. 우리 아버지는 훌륭한 아버지. 그러면 아버지를 제대로 못 봐요. 우리 아버지의 욕망은 뭐냐? 교수님이 하고자 하는 것이 뭐냐? 그것을 봐야지 그를 정확하게 볼 수 있어요. 그러니까 뭔가를 볼 때 교수니까 이래야 된다, 대통령은 이래야 된다, 아버지니까 이래야 된다, 라는 생각을 가지면 사람을 정확하게 볼 수 없어요.

'만족滿足'. 제가 번역을 했습니다. 어떻게 했냐? 다리까지 채운다. 여기 계신 분들은 목까지 채우려고 하죠. 그러면 죽습니다. 배까지 채우면, 불편해요. 다리에 채웁니다. 만족은 퍼센티지로 30%만 되면 OK입니다. 그래서 제가 어디 가서 만족하면 그래도 기분이 좋습니다. 여러분은 불만이 많죠?

한 가지 이야기를 하면, 우리 학교의 다른 과 학생인데 참 똑똑하고 눈이 반짝였습니다. 하지만 3년 전에 자살해서 죽었어요.

자살을 거꾸로 이야기하면 무엇입니까? 자는 스스로 '자' 자입니다. 한자에서는 목적어가 도치가 됩니다. 원래는 '살자'인데, '살' 죽이다, '자' 나를, 원래 이런 글자인데, '자' 자가 들어가면 모든 글자가 앞으로 옵니다. 자백, 자살 등. 그 친구가 죽고 나서 이틀 후에 알아서 한 달 동안 밥을 못 먹었어요. 그러면서 만들어 낸 말이에요. 야, 그냥 살자. 살자. 자살을 거꾸로 하면 살자가 됩니다. 그러면 사는데 불편하잖아요? 불편하지 않게 살려면 만족하면 됩니다. 만족은 30%만 자기 욕심, 욕망을, 자기가 하고 싶은 것을 30%만 하면 됩니다.

제가 아침에 해서는 안 될 말을 학생들에게 하고 왔어요. 요즘도 사귀고 며칠 지났다는 것을 세는 사람들이 있어요? 제가 당장 헤어지라고 했어요. 그 시간에 당장 헤어지면 내일 더 멋진 사람이 나타납니다.

제가 상해를 27년 전에 가니 임시정부 건물을 뜯어서 만들고 있더라고요. 그 벽에 김구 선생님이 쓴 '不變應萬變불변응만변' 글이 붙어 있었어요. 변하지 않음으로써 만 가지 변화를 대응한다. 세상이 바뀌고 있죠? 그러면 여러분이 바뀌어야 해요? 세상은 빠르게 변하고 있습니다. 김구 선생님은 변하지 않음으로써 만 가지 변화를 응대하고 살았습니다.

남 정 섭

영화로 보는 미국의 미래

영남대학교 영어영문학과 교수. 뉴욕 버팔로 주립대에서 영어학을 전공했다. 다문화에서 영어교육, 드라마 및 영화에 이르기까지 미국 문화와 영어에 관한 융합적인 관심을 이어가고 있다.

문제의 해결은 항상 의무론적 관점이 히어로의 희생과 능력으로 실현되는 방식으로 끝이 납니다. 이러한 방식이 9·11 이후 그 두려움을 극복하는 동시에 자신들이 여전히 영웅이라는 것. 미국은 영웅의 나라라는 것을 확인하는 방식입니다.

안녕하세요? What will the U.S.do in the age of Ultron? 이라
고 해서 2015년도에 어벤저스 시리즈 중에 「에이지 오브 울트
론」이라는 영화가 나오죠? 그 영화를 주요 소재로 해서 이야기
해볼까 합니다. 그 영화는 보셨습니까? 어벤저스는 아시죠? 이것
을 가지고 한번 이야기해보겠습니다. 미국이라는 나라가 여러
가지로 독특한 점이 있는데 그중에서 한 가지가 슈퍼 히어로입
니다.

　유럽에 있는 어떤 나라, 아시아, 아프리카의 어떤 나라를 생각
해봐도 미국이라는 나라처럼 슈퍼 히어로즈에 광분하는 나라가
없어요. 처음에 슈퍼 히어로로 시작한 영웅이 「슈퍼맨」, 슈퍼맨
이 몇 년도에 만들어졌는지 아는 사람? 1933년에 만들어졌습니
다. 미국에 가면 미국의 클리블랜드 오하이오에 살았던 유대인
이민자 중에 '제리 시겔'과 '조 슈스터'라는 사람이 슈퍼맨이라
는 것을 구상해서 만들어냅니다. 그 당시 미국에서 만화 산업이
본격적으로 시작되지 않았어요. 그 당시 만화책은 신문에 실리

는 몇 줄짜리 만화 있죠? 그것을 그대로 카피해서 순서대로 붙여서 연결하면 그것이 만화책이던 시절. 실제로는 신문에 실리는 만화가 다였던 시절입니다. 그런데 이 사람들이 슈퍼맨이라는 생각을 해서 그림을 그리고 스토리를 만들어요. 그리고 이것을 팔아먹으려고 출판사를 찾아가면 아무도 안 사요.

시간이 꽤 걸려서 1938년에 지금 DC 코믹스에서 처음으로 슈퍼맨 이야기를 만화책으로 펴냅니다. 그러면서 슈퍼 히어로 만화가 시작을 하게 됩니다. 1938년이면 미국이 대공황을 겪을 때예요. 막 벗어나려고 한 시기. 그리고 유럽에서는 1939년 2차 세계대전이 벌어지기 직전. 그러면 클리블랜드 오하이오에 살았던 젊은 유대인 이민자 2세, 이 사람들은 유럽에서 히틀러가 유대인들을 학살하는 것을 간접적으로 봤던지, 아니면 학살의 징후가 보여서 빨리 도망을 쳤던지, 그런 청년들이란 말이에요. 그래서 이 청년들이 현실 세계에서는 어쩌지 못하는 것. 자신들이 히틀러를 쳐부수고 엄청난 힘을 가지고서 무엇인가를 하고 싶은데 그게 안 된다는 것이죠. 그래서 만화로 표현하는 거예요. 그러고 나서 몇 년이 지나고 1941년이 되면 조 사이먼과 잭 커비라는 사람이 캡틴 아메리카를 만들어요. 이 두 청년은 뉴욕 쪽에서 활동했는데 이 두 청년 역시 유대인들이었어요. 자기들이 유대인들을 죽이는 히틀러와 나치를 쳐부수고 싶은데 힘이 없잖아요. 그래서 캡틴 아메리카를 만들어서 히틀러를 쳐부수게 만듭니다.

그래서 미국 만화 산업 초기에 히틀러와 나치가 보였던 반응은 슈퍼맨, 저거는 유대인이야, 라고 욕을 합니다.

그런 식으로 시작을 하는데 캡틴 아메리카는 미국이라는 이상을 몸 그대로 재현한 사람이에요. 복장은 미국 국기 그 자체입니다. 그래서 캡틴 아메리카를 흔히 내셔널리스트 히어로라고 부릅니다. 미국이 전 세계로 군인들을 보내잖아요. 그 군인들이 간식도 먹고 밥도 먹어야 하지만 소일거리가 있어야 해요. 만화책을 전 세계 미군들에게 보내요. 그러면 미국 군인들이 만화책을 읽으면서 '나도 슈퍼 히어로처럼 적과 싸우고 있는 거야. 잘 싸워야지.' 이런 식으로 생각합니다. 미국이라는 나라는 '슈퍼 히어로'의 나라라고 볼 수 있어요.

그리고 제가 지금 이야기 하려는 「어벤져스-에이지 오브 울트론」이 영화가 얼마 정도 벌어들였을까요? 미국과 전 세계 포함해서 얼마 정도? 우리 돈으로 2조 정도를 벌어요. 영화 하나가. 영화 하나만 만드는 게 아니잖아요? 엄청난 숫자의 영화가 있죠. 경제적인 측면으로 봐도 미국은 단연 슈퍼 히어로의 나라라고 할 수 있습니다. 그래서 우리가 미국의 미래에 대해서 슈퍼 히어로 영화를 가지고 이야기해보는 것은 굉장히 흥미가 있는 일입니다. 그러면 지금부터 미국의 영웅들에 대해서 하나하나 살펴보겠습니다. 람보 아세요? 1982년도에 처음 나왔습니다. 람보는 1982년도에 처음 나오지만 2008년도에도 만들어집니다. 람보를 생각해

보면 슈퍼 히어로는 아닙니다. 람보는 항상 전쟁을 해요. 그리고 람보는 힘센 사람들이 누군가를 괴롭히면, 혹은 자기 친구들을 괴롭히면 그곳에 가서 다 쏴 죽입니다. 자기가 힘이 더 세요. 더 강한 힘으로 강한 힘을 가진 악당들을 쳐부수는 거예요.

2001년 9·11사태가 나기 전까지 미국의 전통적인 영웅들을 규정하는 방법이에요. 힘센 악당이 착하고 힘없는 사람을 괴롭히면 더 센 영웅이 가서 다 죽입니다. 근데, 이런 구조의 딜레마가 무엇인가 하면 영웅은 힘센 악당보다 힘이 더 세야 해요. 더 난폭해야 합니다. 그러면 결국은 누가 더 나쁜 사람이냐? 더 힘세고 난폭한 영웅한테 맞아 죽는 악당이냐? 아니면 영웅이냐? 이게 전통적인 슈퍼 히어로, 혹은 미국 히어로 장르의 딜레마입니다. 심리적으로 생각해봅시다. 왜, 람보는 화가 났을까? 람보는 화가 났고 굉장히 폭력적입니다.

영화 「람보」를 보면 람보가 화가 나서 총을 막 갈기는 장면이 나옵니다. 람보가 누군가를 구하러 갔는데 머독이 작전 포기하고 다 나오라고 합니다. 그래서 람보하고 람보의 친구가 적진에 갇힙니다. 갇혔는데 람보는 영웅이니까 구해내고 돌아옵니다. 심리적으로 이야기해서 람보가 화가 많이 나서 폭력적으로 표현하는 이유는 부끄럽기 때문입니다. 람보의 심리적인 이유는 'ashamed', 부끄럽기 때문입니다.

우리에게 부끄러움이라는 것은 내가 가지고 있는 일종의 프라이드입니다. 프라이드가 침해당할 때 느낍니다. 이게 언제 침해당한다고 느끼느냐 하면, 'ego ideal'이라고 있습니다. 자아 이상이죠. 자아 이상의 기대에 따라서 내가 잘 살아, 혹은 내가 자아 이상이라고 생각하는 대상이 나를 인정해준다? 대표적인 것이 부모님이에요. 부모님이 여러분들한테 잘한다, 기특하다, 똑똑하다, 이렇게 이야기해주면 프라이드가 생기는 겁니다. 뭘 해도 멍청하다, 바보 같다, 나가 죽어라, 이렇게 이야기하면 큰일납니다. 부끄러움을 느끼죠. 부끄러움은 자아에 대한 프라이드에 손상을 입혀요. 손상을 입으면 마음속에서 분노가 생겨요. 그래서 자기 자신에 대한 분노를 표현을 하게 되어 있어요.

람보는 심리적인 동기가 바로 부끄러움이에요. 왜 부끄러움을 가지는가? 자기가 자아 이상이라고 생각했던 조국이 람보를 버립니다. 람보는 조국에 버림을 받습니다. 조국이 나를 버렸다. 부끄러움으로 작용을 합니다. 내가 그만큼 가치 없는 사람인가? 이것은 이내 분노로 바뀝니다. 이 분노가 다시 폭력으로 바뀝니다.

다음으로 보실 것은 「어벤저스」입니다. 9·11테러 사건 이후에 나온 영화입니다. 이 영화에서도 보면 히어로들이 깜짝 놀라는 장면이 있습니다. fear. 두려움을 가지는 거죠. 저는 fear라는 감정을 가지고 9·11사태 이전의 전통적인 미국의 영웅과 그 이후의 영웅을 심리적으로 분리시킵니다. 9·11사태 이후의 영웅들은 막강한 힘을 가졌지만, 그 심리에는 두려움을 가지고 있어요.

외부에서 너무나 강력한 누군가가 자신들을 죽이기 위해 쳐들어오면 그전에는 람보 혼자서 다 감당했죠. 혼자서 감당이 안 돼요. 팀을 만들기 시작합니다. 어벤저스도 팀이죠? 팀이에요. 토르 같은 경우에는 신이에요. 북유럽 신화에 나오는 가장 강력한 신인데 그 신조차도 혼자서 못 싸워요. 그래서 아이언맨, 헐크, 캡틴 아메리카 등 여러 사람이 모여서 팀을 이룹니다. 그런데도 이길까 말까 하죠. 그래서 에이지 오브 울트론의 심리적인 미학도 두려움에서 시작합니다. 제가 아까부터 언급했던 9·11사태. 이 사건이 미국인들의 마음속에 두려움을 심어주는 역사적인 사건이에요.

9·11사태 때 가장 많이 들었던 영어가 "oh shit." 입니다. 두려움을 가득 담은 말이에요. 이 소리에서 미국인들이 느꼈던 두려움, 우리는 그것을 느낄 수 있어요. 9·11사태는 정말로 미국 역사에서 특이한 사건이에요. 미국은 한 번도 본토가 다른 외부 군대에 의해서 침략 받아 본 적이 없어요. 물론 2차 세계대전 때 진주만을 공격하지만, 미국 사람들 마음속에는 하와이는 미국이 아니에요. 별개의 어떤 지역이에요. 그래서 하와이는 20세기 들어와서 미국에 통합이 됩니다.

그래서 마음속으로 2차 세계대전 때 진주만을 공격한 것은 군사 작전기지를 공격한 것이고 군인은 상대방을 죽일 수 있고 내가 죽을 수도 있어요. 하지만 미국에서도 제일 큰 도시. 그리고 미국의 심장부라고 할 수 있는 맨해튼. 여기를 침략 당했다? 이 것은 전혀 다른 이야기입니다. 미국 역사상 이런 경험이 없어요. 생각해보면 유럽, 아프리카, 아시아는 이런 경험들이 다 있거든 요? 미국은 절대 이런 경험이 없었던 거예요. 그래서 이 사건으로 3천 명에 가까운 사람들이 죽었지만, 미국인들에게 이 사건은 우리로 치면 임진왜란, 6·25 전쟁, 정유재란, 병자호란 등이 다 들어가는 정도의 충격을 줬을 겁니다. 엄청난 충격이에요. 그래 서 9·11사태의 충격은 엄청나요. 미국인들의 가슴속에 두려움이 라는 것을 심어주죠. 심리적으로 이야기했을 때 자아에 대한 프 라이드를 못 느끼는 ashamed의 레벨과 그리고 fear라는 레벨은 완전히 달라요. fear는 훨씬 더 근본적이고 기본적인 감정이에 요. 이 감정을 건드린 거죠. 그래서 심리적으로 볼 때 9·11 이후 에 나온 미국의 슈퍼 히어로 영화들은 다른 심리적인 배경을 가 지고서 만들어져요.

영화 「아이언맨」을 보면 아이언맨이 두려워하는 장면이 있습 니다. 여기서 아이언맨이 느끼는 fear는 Techno fear라고 제가 명명했어요. 지구인들보다, 아이언맨보다 더 앞선 기술을 가지 고 있는 지구 바깥의 적이 쳐들어와서, 심지어는 토르까지 죽일 수 있다는 두려움. 이 두려움은 다시 Techno faith, 기술에 대한 믿음으로 극복이 돼요. 「에이지 오브 울트론」은 바로 이 이야기 입니다. 이 영화는 Techno fear에서 시작을 해서 Techno faith로 끝이 나는 영화입니다.

이 영화는 아이언맨이 가지고 있는 techno fear로 시작을 합니다. 그리고 아이언맨은 자기가 더 연구를 하고, 더 강력한 무기를 개발했더라면 이런 식으로 나의 친구들이 죽지 않았을 텐데, 그래서 내가 엄청난 무기를 만들 거야, 라고 결심하는 것부터 시작합니다. 그래서 이 영화의 주인공은 어떻게 보면 아이언맨이에요. 아이언맨에 대해서 구체적으로 살펴볼께요. Iron Man, Techno faith. 1) Narcissistic pride. 2) Genius, Billionaire, Playboy, Philanthropist. 3) Narcissistic Personality Disorder. 아이언맨은 아메리칸 드림을 실현한 사람이에요. 돈, 자선, 잘 놀고, 천재. 근데 아이언맨에 대해 다시 생각해보면 「아이언맨 2」에서 아이언맨이 어떤 모습으로 나와요? 아이언맨 슈트를 입기 전에는 심장에 문제가 생겨서 이것 때문에 고민하는 술주정뱅이로 나옵니다.

Narcissistic Personality Disorder가 있는 사람은 겉으로는 굉장히 화려하고 무언가 잘할 것 같은데 마음속으로는 자기 자신에 대해서 너무너무 불안해합니다. 나는 너무 약한 존재야, 이런 생각을 해요. 아이언맨은 만화책에서도 술주정뱅이입니다. 아이언맨 슈트를 입으면 완전히 다른 사람으로 바뀌죠. 아이언맨은 Narcissistic pride를 가지고 있고 그런데 이것이 지나쳐서 Narcissistic Personality Disorder가 있는 게 아닌가 의심을 할 만

합니다. 캡틴 아메리카가 아이언맨한테 'You could have saved us.' 너는 우리를 구할 수 있었는데 왜 안 구했어? 라고 질타를 하잖아요. 그런데 이 질타는 캡틴 아메리카가 직접 한 말이 아니고 아이언맨이 자기 스스로 환상 속에서 듣는 거죠. 이런 환청은 군가랑 굉장히 비슷합니다.

군가에 '너와 내가 아니면 누가 지키랴, 침략의 무리들이 노리는 조국.' 어떻게 보면 9·11 이후에 나왔던 미국의 슈퍼 히어로의 영화 어벤저스 시리즈가 기본적으로 가지고 있는 거예요.

그 다음에 우리는 Techno faith에 대해서 조금 더 살펴봐야 합니다. Techno faith는 아이언맨만 가지고 있는 것이 아니고, 토르도 가지고 있어요. 토르는 처음에 아이언맨이 울트론 만드는 것을 반대합니다. 말도 안 되는 시도라고 하는데 나중에 되면 토르가 울트론을 만드는 데 결정적인 역할을 하죠. 캡틴 아메리카하고 아이언맨이 울트론을 만들어야 되는가에 대해서 논쟁을 합니다. 듣고 있던 퀵실버가 짜증이 나서 전원을 다 뽑아버려요. 그래서 울트론이 만들어지다가 순간 멈춰버립니다. 근데 토르가 나타나서 번개, 전기의 힘을 빌려서 울트론을 탄생시킵니다. 이 영화에서는 아이언맨이 Techno faith를 가지고 문제를 해결하려고 하는데 결국 토르라는 신도 아이언맨을 지지해주죠.

여기서 비전이 토르의 묠니르 망치를 들었죠. 망치는 아무도 못 들어요. 토르의 망치는 오직 토르만 사용할 수 있습니다. 왜 토르만 쓸 수 있죠? worthy. 가치가 있는 거예요. 다른 사람은 unworthy. 그래서 못 듭니다. 그런데 비전은 가볍게 듭니다. 심지어 헐크도 들지 못하는 것을. 이 장면에서 비전이 좋은 사람이라는 것을 보여주는 거예요. 토르의 묠니르 망치를 들 만큼 worthy 한 사람이다. 믿어도 된다. 비전이 히어로라는 것을 보여주는 장면이죠. Techno faith 때문에 탄생한 사람이 비전이고 Techno fear의 근원지가 울트론이에요. 그래서 어벤저들이 Techno fear의 근원지인 울트론을 쳐부수러 갑니다.

비전은 누구의 편인가? 우리 편인가? 적의 편인가? 그때 비전은 "나는 생명의 편에 선다."라고 합니다. 그러면 람보에서는 좋은 사람, 나쁜 사람을 분류하기가 쉬워요. 그런데 여기서 생각을 해봅시다. Heroes(good guys) vs Villains(bad guys)의 분류가 그렇게 쉬운 건지 한번 생각해봅시다. 비전도 울트론을 죽이고 싶지 않다고 이야기합니다. 울트론은 굉장히 특이한 존재이고, 고통을 많이 겪고 있다고 이야기하죠. 그러면 우리가 쉽게 좋은 놈, 나쁜 놈 나누지만 그렇게 쉬운 문제인가,라는 질문을 가져보겠습니다. 이 질문에 대답하기 위해서 어벤저스 중에 중요한 어벤저스가 있습니다. 그것이 캡틴 아메리카, 토르, 아이언맨. 이 세 명이 제일 중요한 어벤저스입니다. 각각 다른 도덕적, 윤리적인 것을 상징하기도 합니다.

그중에 아이언맨과 캡틴 아메리카를 생각해보면 아이언맨은 기본적으로 기업가입니다. 윤리적인 기준을 상징하는 인물입니다. 결과가 좋으면 다 좋아요. 많은 사람한테 싼 무언가를 공급할 수 있으면 다 좋은 거예요. 거기에 비해서 캡틴 아메리카는 '의무론'. 철학자 중에 임마누엘 칸트가 이야기를 합니다. '공리주의'는 누가 이야기하죠? 제러미 벤담이 이야기합니다. 이 두 가지 입장은 인생을 살면서 늘 부딪힙니다. 늘 고민하게 만듭니다. 우리가 공리주의와 의무론을 인간의 가치라는 기준에서 생각해 봅시다. 인간의 가치라는 것이 도구로서(means)? 아니면 그 자체로서(ends)? 의무론에서는 인간 자체가 중요한 것이고, 공리주의에서는 means가 중요할 수 있습니다.

예를 들어, 대학교를 졸업하고 사법 시험에 합격할 것 같고 잘 나갈 것 같은 사람을 학교에서는 장학금을 주고 데려옵니다. 이런 것은 공리주의 쪽이죠. 그런데 그러면 안 됩니다. 공부를 못하든 잘하든, 몸이 불편하든 불편하지 않든 어떤 이유를 막론하고 인간은 똑같이 소중하니까 차별 없이 대해야 돼. 이렇게 생각하는 것이 의무론 쪽이죠. 인간은 그 자체로서 가치가 있기 때문에.

그러면 영화에서 이 두 윤리적인 입장을 둘러싸고 중요한 질문 하나가 던져집니다. 그것이 무엇인가 하면 'sokovia dilemma'입니다. 이 영화를 보신 분은 sokovia가 어딘지 아시죠? 어떤 일이 생기죠? 하늘로 승천합니다. sokovia의 일부를 잘라서 하늘로 들어 올립니다. 울트론이 한 짓이죠. 목적은 무엇이죠? 일정 높이로 들어 올렸다가 떨어뜨리면 어떤 일이 생겨요? 지구 전체에 큰 운석이 부딪힌 것과 똑같은 효과가 생기죠. 이러면 옛날에 공룡이 얼어 죽었듯이 모든 인간이 얼어 죽는 일이 생기겠죠? 울트론이 그렇게 생각합니다. 인류를 다 죽이고 인공지능을 가진 새로운 존재들로 지구를 채우겠다고 생각합니다.

하버드 대학교의 마이클 샌델 교수가 한 '정의란 무엇인가' 라는 강의에서 유명한 질문이 나옵니다. 'trolley car question'. 전철이 진행하고 있는 방향에 양 갈래의 레일이 있습니다. 한 곳에서는 수십 명의 사람이 작업을 하고 있고, 다른 곳에는 한 명의 사람이 있습니다. 여러분은 레일의 방향만 바꿀 수 있는데 레일의 방향을 바꾸지 않으면 수십 명의 사람이 죽고, 레일의 방향을 바꾸면 한 명의 사람이 죽습니다. 여러분은 어떻게 하시겠습니까?

대부분의 사람들이 레일을 바꾼다고 손을 들었습니다. 레일을 바꾸지 않은 사람에게 질문하겠습니다. 인위적인 조작을 하는 것은 찝찝하다. 방향을 바꾸지 않는다고 대답한 사람들은 대부분 이렇게 이야기 했습니다. 그렇다면 왜 찝찝할까? 왜 찝찝할까를 묻기 위해서 샌델 교수는 다시 이런 질문을 던집니다. 상황은 똑같습니다. 레일 위에 한 사람이 상황을 보기 위해 쳐다보고 있습니다. 이 사람을 살짝만 밀면 떨어져서 레일을 멈출 수 있고, 난간을 오픈시켜서 사람을 떨어뜨릴 수도 있습니다. 여러분은 어떻게 하시겠습니까? 그 사람의 의견을 묻지 않고 스스로 선택하는 것은 아닌 것 같습니다.

이 사람을 밀면 분명 많은 사람의 생명을 구합니다. 그런데 한 사람을 죽이는 것이죠. 그 사람이 내재적으로 가지고 있는 가치가 있겠죠. 그 가치를 내가 인정하지 않는 것이죠. 그러니까 찝찝한 생각이 드는 것이죠. 그런데 레일의 방향을 트는 것은 인간의 생명을 어떻게 하는 것 같지는 않고 기계의 작동을 바꿈으로써 더 많은 사람을 구하는 것이니까 왠지 도덕적으로 용납이 될 것 같다는 생각이 드는 거죠. 내가 어떤 행위를 해서 더 많은 사람의 생명을 구하는데 다른 소수의 생명을 잃게 만들 수 있어. 이런 경우에 많은 사람들이 공리주의 관점을 취합니다. 그렇지만 찝찝하기는 합니다. 한 사람의 생명을 죽였기 때문이죠. 그런데 이 관점을 너무 극단적으로 유도하면 나치가 많은 유럽인들의 순수성을 유지하기 위해서 소수의 유대인들을 죽일 수 있다고 생각합니다. 공리주의 관점을 너무 극단적으로 밀고 나가면 이런 경우가 생깁니다. 그래서 공리주의와 의무론 둘 사이의 균형은 굉장히 중요하고 인간이 고유하게 가지고 있는 가치 그것을 지키는 방향으로 생각해야 합니다. 그래야지 영웅이라는 것이 가능합니다.

'What makes a person a hero?'에서 히어로는 의무론적 관점을 포기하지 않고 자기의 능력으로써 현실에서 구현하는 사람입니다. 그런데 우리가 공리주의적 관점을 취하게 되는 심리적 이유는 'fear', 두려움 때문입니다. 그래서 심리적으로 영웅이 되기 위해서는 두려움을 극복해줘야 합니다. '尚有十二 微臣不死, 必死則生必生則死'. 이순신 장군이 한 말이죠. 영화 「명량」에서 보면 이순신 장군이 백성들과 수군들이 가지고 있었던 두려움을 용기로 바꾸죠. 어떻게 바꾸죠? 이순신 장군이 목숨을 걸죠. 희생을 합니다. 앞에 나서서 열심히 싸웁니다. 그 모습을 보고 백성들이 도와주고 다른 수군들이 전장에 참여하게 됩니다. 결국 영웅의 희생을 통해서 두려움을 용기로 바꾸고 이 과정을 통해서 한 사람이 영웅으로 탄생하는 겁니다.

아까 말했던 프라임 어벤저스 세 명. 캡틴 아메리카, 토르, 아이언맨은 각각이 상징하는 윤리적인 기준이 다르고 인물상이 완전히 달라요. 그중에 아이언맨은 소위 말하는 아메리칸 드림을 그대로 실현한 사람이에요. 아이언맨이 어떻게 보면 어벤저스 3 영화에서 최종 주인공으로 등장을 해요. 그럼 우리가 생각을 해봅시다. 어벤저스에서 문제의 해결은 항상 의무론적 관점이 이 사람들의 희생과 능력으로 실현되는 방식으로 끝이 납니다. 그렇기 때문에 히어로가 되는 거죠.

이러한 방식이 미국인들이 9·11 이후 그 두려움을 극복해내는 방식이고 두려움을 극복하는 동시에 자신들이 여전히 영웅이라는 것. 미국은 영웅의 나라라는 것을 확인하는 방식이에요.

최 문 기

젊음,
건강을
챙기자

경산 M피트니스 대표 겸 영남 대학교 체육학과 강사. 경산시 보디빌딩연합회 사무장을 역임했으며, 각종 보디빌딩 대회에서의 수상 경력이 있다. '건강'에 대한 남다른 관심과 열정으로 왕성한 활동을 이어가는 중이다.

운동을 통해서 얻을 수 있는 좋은 점은 HDL콜레스테롤 비율이 점점 올라갑니다. HDL콜레스테롤이 높으면 혈관 관련해서 예방되는 요인이 많습니다. 그리고 불안과 우울의 감정을 완화시킵니다.

반갑습니다. 오늘 주제는 평상시 '젊음-건강을 챙기자' 입니다. 저는 교양 과목으로 스노보드 강의도 합니다. 그 강의에서 저는 학생들에게 "내 눈을 바라보면 보드를 탈 수 있다."고 이야기를 해요. 이 말은 눈밭에서는 자세가 조금만 틀어져도 넘어집니다. 지금 여러분들은 자리에 앉아 계시기 때문에 자세가 조금 틀어지더라도 아무런 문제가 없죠. 하지만 눈 위에서는 달라집니다. 그래서 제 눈을 바라보라는 것은 자세를 똑바로 하라는 이야기입니다.

뉴트럴포지션. 내 몸이 중립이 되어있을 때 운동을 배우기 편해집니다. 여러분은 평상시에 어느 정도의 활동량을 가지고 있는지 스스로 알고 계십니까? 평상시 활동량이라는 것은 꼭 운동을 해야지만 활동을 한 것은 아닙니다. 아침에 학교에 걸어서 등교하시는 분? 교내 수업 때문에 강의실을 옮겨 다닌다고 적어도 30분 걸으신 분? 여러분은 활동량이 적은 사람들이 아닙니다. 기본 활동량이 받쳐줍니다. 그리고 집에서 청소, 집안일을 돕는다,

하시는 분? 이분들도 기본 활동량이 뛰어난 사람들입니다. 이분들 말고 차를 타고 다니시는 분은 활동량이 많이 부족한 사람입니다. 여러분 중에 활동량이 떨어지는 분이 계실 겁니다. 이런 분은 추가적인 운동을 해서 활동량을 올려주셔야 합니다.

취미로 운동을 하고 있는 분 계신가요? 취미로 운동을 하느냐에 대한 질문에 보통 생각하기를 헬스라고만 생각하시죠? 그 외에 축구, 농구, 훌라후프, 줄넘기 등을 하시는 분? 취미로 운동을 하고 있는 사람과 아닌 사람들의 건강 척도는 조금 달라질까요? 어때요? 분명히 차이가 납니다. 신체적으로 차이가 나는 것도 있지만 심리적인 차이도 커집니다. 그러면 적당한 신체활동이 어떤 것인지에 대해서도 알아봐야겠죠? 그리고 운동을 통한 이익에 대해서도 알아보겠습니다.

칼로리 소비량은 개인별로 차이가 있습니다. 여러분들이 가지고 있는 기초대사량, 신체적 특성에 따라 차이가 납니다. 계단 올라가기, 줄넘기는 칼로리 소모량이 큽니다. 보통 어르신들이 운동이라고 하면 골프 생각하시는데 생각보다 높지 않죠? 운동을 통한 이익을 보면 혈관 관련 질환을 예방할 수 있습니다. 콜레스테롤은 여러분이 많이 들어서 어느 정도는 알고 계시죠? 안 좋은 게 무엇이죠? 저밀도 콜레스테롤이죠(LDL), 좋은 것은 무엇이죠? HDL. 그러면 LDL은 무조건 안 좋은 것인가요? 보통 토탈 콜레스테롤을 말할 때 중성지방과 저밀도, 고밀도 콜레스테롤을 이야기합니다.

　운동을 통해서 얻을 수 있는 좋은 것은 무엇이 있는가? 유산소 운동을 꾸준히 한 사람한테서는 HDL콜레스테롤 비율이 점점 올라간다, 라는 연구 결과가 있습니다. HDL콜레스테롤 같은 경우에는 LDL콜레스테롤을 낮춰주는 여과 역할을 많이 합니다. 청소부 역할을 많이 하죠. 그래서 HDL콜레스테롤이 높은 사람은 '건강하다'라고 이야기합니다. 운동을 많이 하게 되면 HDL콜레스테롤이 증가하게 됩니다. 질병 예방이 되는 요인들이 많이 있겠지만 HDL콜레스테롤이 높으면 혈관 관련해서 예방 되는 요인이 많이 작용하게 됩니다. 두 번째, 불안과 우울의 감정을 완화시킵니다. 격한 운동은 불안과 우울을 높일 수 있겠지만 가벼운 운동은 불안과 우울을 줄여준다는 연구 결과가 있습니다.

　여러분 나이 때 운동에 대한 준비가 되어있지 않으면 많은 타격을 받게 되어있습니다. 이것은 뒤에 이야기하고, 다음으로 골밀도 유지 및 느린 감소. 여러분과는 상관없는 이야기죠? 어르신들한테만 해당되는 것도 아닙니다. 지금부터 골밀도가 감소되기 시작합니다. 특히 여학생들. 스무 살이 넘어가면 노화가 시작된 겁니다. 그래서 지금부터 정상적인 활동을 해주서야지 골밀도가 천천히 감소하게 되고 건강을 유지할 수 있습니다. 그리고 근육과 관절을 형성하고 유지해 줍니다. 꾸준히 운동을 한 사람은 근육량이 줄지 않죠. 그런데 나이가 많이 들게 되면 어르신들 중에 사코페니아(근감소증), 걸어가다가 쓰러지시거나 어느 순간 보면 다리가 굽어있다거나, 허리가 무너지는 증상인데 이러면서 일상 생활이 힘들어지죠. 그러한 부분이 근육이 감퇴되고 나이가 들면서 호르몬 변화에 의해서 나타나는 증상들입니다. 운동을 하게 되면 이러한 증상이 느려질 뿐만 아니라 실제로 근육량이 더 증가되기도 합니다. 그리고 체중과 체형을 통제하고, 힘과 민첩성을 발전시킵니다. 그리고 대인관계 형성에 도움이 많이 됩니다.

다음으로 건강한 생활 방식의 중요성을 보겠습니다. 2015년 사망원인 순위 및 사망률 통계를 보면 1, 2위가 심장질환과 암입니다. 우리나라에서 부동으로 변하지 않는 것이 뇌혈관 질환입니다. 운동하고 연관이 있습니다. 그리고 주목해야 할 것이 20대의 1위, 자살로 되어 있습니다. 불안과 우울을 잘 조절하는 것이 왜 중요한지 아시겠죠? 다음은 대학생의 건강을 위협하는 것을 보겠습니다. 성 건강, 약물남용, 정신건강, 영양, 건강 의료 서비스 등이 있습니다. '의료 서비스가 왜 위협하지?' 라는 의문을 가지실 수 있을 텐데 학생들이 재정적으로 부담이 되는 의료 서비스들이 많아요. 그래서 여러분이 미리 건강을 유지해두면 재정적인 부담을 줄일 수 있습니다.

영양을 설명하기 전에 다이어트하면 안 먹는 것이 답이라고 생각하시나요? 일단은 굶어서 빼려고 생각합니다. 영양은 굶어서 빼는 것이 아니라 잘 드셔야 됩니다. 그렇다면 잘 먹는 것이 뭐냐? 필요 영양소를 잘 드시는 거예요. 보디빌더들이 시합에 나갈 때 체지방률을 보통 3프로까지 뺍니다. 3프로가 되면 살을 잡아 보면 껍데기밖에 안 잡힙니다. 그러면 보통 사람들이 얼마나 굶었을까? 생각합니다. 그런데 시합을 나가보시면 먹는 데 돈이 제일 많이 듭니다. 한 달에 백만 원 정도 듭니다. 시합을 나가기 전에는 하루 다섯 끼, 여섯 끼를 먹습니다. 중간에 단백질을 보충하기 위해 과일, 야채 다 챙겨 먹습니다. 그래서 오히려 영양적으로 더 신경을 쓰고 잘 먹어야 합니다. 몇몇은 건강해 보이는데 자신이 다이어트가 필요하다고 생각하시는 분은 잘 보셔야 합니다.

잘못된 식습관으로 인한 문제면 식습관을 바꾸셔야 합니다. 좋은 식단을 찾는 것이 아닙니다. 습관을 잘 들여야 합니다. 일률적으로 꾸준히 이어갈 수 있는 식습관이 제일 중요합니다. 3대 영양소는 다들 아시죠? 탄수화물, 단백질, 지방. 이 중 가장 중요한 것이 무엇일까요? 탄수화물.

우리를 움직이는 에너지원이죠. 탄수화물은 에너지원으로 쓰이는데 잉여 에너지원은 간에서 지방으로 전환돼서 축적이 됩니다. 그래서 혈관 질환 있으신 분은 지방도 중요하지만 탄수화물도 매우 중요합니다. 탄수화물을 많이 줄여 주셔야 합니다. 그리고 미량 영양소. 비타민, 무기질 등.

신체이형증

음식을 거부하다 보면 먹고 싶은 것을 먹었는데도 위에서 받지 않아서 토하는 경우가 있습니다. 정신 질환의 일종입니다. 신체이형증도 정신 질환이라고 하는데 살을 빼는 것뿐 아니라 몸을 키우는 것도 포함이 됩니다. 특히 보디빌딩을 하는 사람과 일반인 중에 과도하게 몸에 집착하는 분들. 이런 분들은 충분히 건강한 몸을 가지고 있음에도 부족하다고 느끼고 더 챙겨먹고 심한 사람은 스테로이드까지 복용을 합니다.

현재 프랑스에서는 일정 BMI에 미달이 되면 모델 일을 할 수 없게 했습니다. 너무 마른 몸을 선호하다 보니 죽어버리는 경우가 발생했습니다. 미의 기준이라는 것은 개인마다 다르긴 합니다. 하지만 보기 좋아 보인다고 해서 건강한 것은 아닙니다. 제가 시합 준비를 하면서 프로필 촬영 후 저녁에 병원에서 링거를 맞았습니다. 즉, 보기 좋은 몸을 가지고 있다고 건강한 것은 아닙니다.

여러분이 현재 건강하지 않거나 왜소한 몸을 가지고 있을 수 있지만 충분히 변화가 가능하다는 것입니다. 그리고 체력은 저절로 유지되지 않습니다. 몇 년 동안 활발하고 건강할 수 있습니다. 그런데 활동을 멈추면 체력은 빨리 손실이 됩니다. 근육량은 많이 줄지 않아요. 그래서 규칙적으로 활동을 하는 것이 체력을 상승시키고 건강을 유지하고 개선시킬 수 있습니다. 물론 급하게 생각하시면 안 됩니다.

운동을 처음 시킬 때 변화를 주는 기간을 보통 3개월로 봅니다. 그리고 유지되는 시기를 6개월을 봅니다. 즉, 6개월이 지나야 여러분의 현재 몸이 가지고 있는 항상성을 깰 수 있습니다. 항상성은 현재 몸을 유지하려는 습관입니다.

여러분이 평소 자신의 신체조성과 체력을 얼마나 알고 있는가가 중요합니다. 여러분은 자신의 심폐지구력, 유연성, 평상시 맥박 수, WHR, BMI, LBN, 근력, 근지구력을 알고 있으신가요? 보통은 잘 모릅니다. 그런데 이 항목들이 나의 건강을 체크하는 척도로 나와 있습니다. 이 항목들을 알고 나서 자신이 건강한지 아닌지를 판단할 수 있는 겁니다. 그래서 여러분들은 이 항목들에 대해서 얼마나 알고 있느냐가 중요합니다. 혈압, 맥박 수 중요하지 않다고 생각하시는 분들 계실 텐데 아닙니다. 사소한 것 같지만 자신의 혈압과 맥박 수를 알면 자신이 가지고 있을 수 있는 질병을 찾아낼 수 있습니다.

심혈관 질환(CVD)

심혈관 질환(CVD)가 있습니다. 여자에 비해 남자가 CVD에 의해 사망하는 경우가 많습니다. 그런데 70대 이후에는 남자가 떨어지고 여자가 많이 올라갑니다. 여학생은 상대적으로 남자에 비해서 특혜를 받고 있습니다. 에스트로겐 때문입니다. 에스트로겐이 HDL콜레스테롤을 많이 올려주기 때문에 LDL을 많이 떨어뜨려 줍니다. 그래서 여러분 나이 때에는 대부분 복부 내장지방이 많이 쌓이지 않습니다. 그럼에도 여학생 중에 내장지방 수치가 많이 나온다면 반드시 습관을 고쳐주셔야 합니다. 왜냐하면 그런 분은 습관이 안 좋거나 유전적으로 타고났기 때문입니다. 그래서 건강하게 살기 위해서는 개선을 해주셔야 합니다.

혈압과 맥박 수

우리가 흔히 정상 맥박 수를 60~80으로 보고 100회 이상은 빈맥으로, 60회 이하를 서맥으로 봅니다. 서맥 같은 경우에는 노인성 서맥, 스포츠심장 서맥이 있습니다. 스포츠심장 서맥은 1회 방출량이 큰 겁니다. 한 번에 강하게 손끝, 발끝까지 갔다가 돌아옵니다. 그래서 빨리 뛸 필요가 없습니다. 노인성 서맥은 심장이 근육으로 되어있는데 힘이 떨어진 겁니다. 빨리 뛸 수 있는 힘이 없기 때문에 서맥이 오는 겁니다. 여러분은 보통 정상 맥박 수 안에 들어와야 합니다. 혈압은 정상이 수축기 혈압 120이하, 이완기 혈압 80입니다. 여러분이 혈압을 잴 때 높게 나오는 것이 수축기, 낮게 나오는 것이 이완기입니다. 고혈압이 나오는 경우에는 습관 조절이 필요합니다. 혈압 조절 방법 중에 약을 먹는 것도 좋지만 가장 좋은 것은 식습관을 조절하는 것입니다.

신체조성 측정

신체조성 측정은 처음에 이야기한 체지방률 같은 것을 측정하는 것입니다. 가장 기준이 되는 것이 수중 체중 측정법입니다. 물 안에 들어가서 밀도로 구하는 방법입니다. 측정 자체는 타당도가 높지만 측정하기가 힘듭니다. 측정하다가 실신을 하는 경우도 있습니다. 많이 쓰는 방법은 아닙니다. 최적 기록법은 수중 체중 측정법을 하기 편하게 공기로 측정하는 것입니다.

여러분들이 가장 많이 하는 것이 BIA측정입니다. 여러분들이 많이 해보신 인바디. 인바디가 BIA측정기입니다. 가장 많이 쓰이는 이유는 측정이 용이하고 가장 편합니다. 그리고 비용이 쌉니다. 이중 방사선 측정기 같은 경우에는 한 번 측정하는데 50만원인데, BIA의 같은 경우에는 헬스장에 가시거나 병원에 가시면 공짜로 할 수 있습니다. Skinfold Test라고 해서 피부를 집는 것인데 비용이 가장 쌉니다. 남자의 경우 가슴, 허벅지, 복부 쪽을 집어서 둘레 비를 다 더해서 측정하고, 여자는 삼두, 허벅지, 장골 윗부분을 측정합니다. 측정값을 연령별 그래프(세계 공통 그래프)에서 확인할 수 있습니다. 측정자의 숙련도에 따라서 차이가 난다는 단점이 있습니다.

심폐지구력과 유연성

유연성을 이야기하면 손목 각도, 무릎 각도, 팔꿈치 각도를 측정해서 신체의 문제 유무를 판단하게 됩니다. 유연성이 떨어지면 노인의 경우에는 균형을 잡는 것이 어려워지고 허리, 어깨, 목에 자주 통증을 느끼시는 분들은 그 부분에 유연성이 떨어지는 것일 거예요. 둔근과 Hamstring 쪽에서 근육이 많이 짧아졌을 때 허리 쪽에 단축이 오면서 통증을 유발합니다. Hamstring의 유연성은 ADL과 스포츠 활동에 중요합니다. 운동은 잘 하는데 허리에 통증이 많으신 분은 이쪽에 의심을 해보셔야합니다.

대학생활에서의 두통

여러분이 병원에서 두통에 의한 증상을 검사받으면 딱히 특별한 증상이 없다, 라는 말을 들으시는데 본인이 계속 아프다면 80% 이상은 긴장성 두통일 확률이 높습니다. 긴장성 두통은 머리 주위를 띠로 조이는 듯한 통증, 머리 뒤쪽이 찌릿한 느낌을 받고 그 원인은 스트레스와 수면 부족, 잘못된 자세 등 여러 가지 이유가 있지만 그중 가장 큰 원인은 잘못된 자세입니다. 거북목 증후군. 목이 앞으로 빠져 있는 사람들. 아마 스마트폰 오래 보고 계신 분은 이 증후군에 포함되실 거예요.

다른 두통에는 편두통, 군집성 두통, 만성 두통이 있습니다. 편두통은 한쪽으로 편향되어 있다고 편두통이라고 생각하는데, 실제로는 양쪽에 같이 오는 경우가 많습니다. 양쪽이 다 아프다고 편두통이 아니라고 생각하시는 분은 잘못된 생각입니다. 그리고 메스꺼움을 동반합니다. 주원인은 스트레스, 수면시간, 식습관의 변화입니다. 신체의 호르몬 쪽으로 변화가 생기면 편두통을 유발합니다. 군집성 두통은 눈을 후벼 파는 듯한 통증, 압통이 옵니다. 자다가 많이 발병하기도 합니다. 이런 증상은 자율신경계가 많이 깨진 겁니다. 교감신경이 마비가 되고 부교감 신경이 많이 올라왔을 때, 군집성 두통을 겪으시는 분들은 감기약을 먹고도 통증이 올 수 있습니다. 감기약에 부교감신경을 끌어 올려주는 것들이 많습니다. 그리고 만성 두통은 견뎌내다 보니 어느 순간 좋아지더라는 것이죠. 그래서 진통제, 카페인, 감기약을 달고 사는 사람이 겪을 확률이 높습니다. 이런 분은 약을 끊으시면 됩니다.

거북목

스마트폰을 사용하면서 목이 15도 정도 기울어 있으면 목에서 받는 체중이 22kg 정도라고 하죠. 목에 엄청나게 무리가 많이 갑니다. 이러한 잘못된 자세는 앞에서 말한 긴장성 두통을 유발할 확률이 높아집니다.

여러분들이 느끼고 있는 두통의 80%가 잘못된 자세에서 나올 가능성이 높습니다. 잘못된 자세는 두통을 유발하고 거북목이 될 확률이 높죠.

허리 통증

여러분이 허리가 아프다고 생각하시면 전부 디스크 아닌가, 하는 생각을 가지시는데 실제로 추간판탈출증(디스크)을 겪는 환자는 허리 통증 환자 중에 4% 정도입니다. 많지 않습니다. 증상이 비슷하다고 생각하면 디스크라고 착각하고 병원에 가는데 실제로는 디스크가 아닌 경우가 많습니다. 그리고 MRI로 디스크를 판정하는데 정확도가 40% 정도밖에 안 됩니다. MRI를 찍어도 자신이 진짜 디스크인지 아닌지를 알기가 힘듭니다. 그래서 허리통증 중에 90% 이상이 원인 불명입니다. 그래서 실제로 허리 통증은 가벼운 운동으로 개선되는 경우가 많습니다.

이상근증후군

이상근증후군은 좌골 쪽에서 통증을 유발합니다. 여러분 중에 짝다리를 짚거나 다리를 오래 꼬고 계신 분은 이상근증후군일 확률이 굉장히 높습니다. 그리고 허리 통증이 많이 오고 걸음걸이에서 한쪽이 길게 느껴졌을 때(보폭이 일정하지 않다고 느껴졌을 때) 이상근증후군일 확률이 굉장히 높습니다. 골반이 뒤틀려서 한쪽이 짧아졌을 확률이 있습니다.

임 병 덕

일상에서
찾는
삶의 비전들

영남대학교 공과대학 기계공학부 교수. 서울대학교 기계공학과를 졸업하고, 한국과학기술원에서 박사 학위를 받았다. 한국 표준과학 연구원과 Southampton 대학(영국) 등에서 연구했다. 소음과 진동, 신호처리를 연구하고 있다.

좋은 질문을 할 줄 알아야 합니다. 좋은 질문은 불현듯이 다가오는 것이 아니고 가지고 있는 기본 지식들, 책을 읽거나 배우거나 다른 것들을 경험하고 이 모든 것들이 종합되었을 때 좋은 질문이 떠오릅니다.

안녕하세요. 오늘의 주제가 일상에서 찾는 삶의 비전입니다. 비전이라는 것이 무엇인가에 대해서 여러분이 모색을 많이 하는 시기이고 진로에 대해서 많은 고민을 하고 있는 시기라고 생각합니다. 비전이라고 하는 것을 잘못 생각하면, 눈에 보여서 여기로 가보면 괜찮겠다, 그런 어떤 일시적인 충동 또는 무엇인가가 나에게 다가왔다고 하는 계시라고 생각하시는 분이 있습니다. 제가 오늘 말씀드릴 비전은 정말 우리가 사소한 것에서부터 자극을 받아서 그런 자극을 끊임없이 지속하면서 정말 나에게 맞는 좋은 길을 찾은 사례들을 보고, 그럼 우리는 어떻게 하면 비전을 찾을 수 있는지에 대해서 이야기해 보려고 합니다.

아무래도 제가 공과대학 교수이고, 자연과학 관련된 이야기를 많이 할 것이고 저도 이러한 분야의 전공이 아니기 때문에 제가 알고 있는 정도의 이야기만 하도록 하겠습니다. 우리가 일상을 살다가 비전을 발견하고 싶은데, 오늘 이야기는 첫째, 여러분이 끊임없이 질문을 던져보는 것, 이것이 중요하다고 말씀드리고 싶습니다. 많은 사람들이 개념이나 원리를 자연으로부터 굉장히 많이 받아들여서 우리의 실생활에 구현해 나가고 있는데, 그런 예들을 몇 가지 보겠습니다. 그다음 질문을 했으면 해답이 있어야겠죠? 그러면 해답을 어떤 식으로 우리가 찾아 나갈 것이냐? 이러한 내용으로 오늘 강의를 해보겠습니다.

호모 에스쿠스(Homo Askus). 무슨 뜻일까요? 질문하는 인류. 폴 발레리가 한 말 중에 "생각대로 살지 않으면 사는 대로 생각하게 된다." 오늘 여러분이 사는 방식을 정당화하고 안주하면서 살아가는 것이죠. 작심하고 결과를 위해서 설정하고 나아가는 인생과 매일매일 생활에 안주해 가려고 하는 습성을 생각해보면 이 말이 가슴에 많이 와닿습니다. 우리가 왜, 라는 질문을 던지는데 이것이 동기부여의 첫 번째 단계라고 생각합니다. 그래서 적극적인 방법으로 찾게 되는데 예를 들어, 해외여행을 하면서 좋은 아이디어를 얻은 분이 꽤 많습니다. 특히 사업하시는 분들이 그런 경우가 많습니다.

그렇다면 왜? 우리나라에서 잘 보이지 않던, 생각나지 않던 아이디어가 해외에 나가면 눈에 잘 들어오느냐? 왜 해외라고 하는 이러한 환경 속에서 재미있는 아이디어를 발견하게 되는가? 첫째, 낯선 환경에서는 우리가 민감해져 있습니다. 그렇기 때문에 질문을 던지기가 쉽습니다. 내가 일상적인 편안함에 묻혀 있는 것이 아니라 무엇인가 외적인 자극이 주어져 있고, 긴장된 상황이고, 그런 상황 속에서 우리가 민감해져 있을 때 좋은 질문이 나올 수 있지 않을까? 다음으로 환경이 낯설면 어떻게 살아남을 것인가를 생각하게 됩니다. 생존본능이죠. 이러한 생존본능 속에서 질문이 유도될 가능성이 높습니다.

새로운 자극이 들어오면 기존의 정보와 자신이 새로 접한 정보를 비교해서 질문을 하게 될 가능성이 높습니다. 그렇다고 해서 허구한 날 아이디어를 얻기 위해서 해외여행을 다닐 수는 없습니다. 일상을 살아나가야 하는데 일상을 살아나가면서 좋은 질문을 우리 스스로 찾아낼 수 있는 방법이 없을까? 그런 고민을 하게 되겠죠? 그래서 우리는 질문하는 능력을 배양해야 됩니다. 그러기 위해서는 언제, 어디서든 질문으로 심장을 뛰게 하는 연습(습관)이 필요합니다. 여러분도 체험해 보셨을 겁니다. 불현듯이 무언가 내 앞에 나타났던 문장, 말, 영상 이런 것들을 통해 질문을 던지고 나면 그 질문이 좋은 동기로 작용할 수 있다는 것입니다. 아무런 준비 없이 질문이 만들어지는 것은 아닙니다. 질문도 좋은 영양분을 필요로 합니다. 그 영양분이 무엇이겠습니까? 다른 사람의 생각, 새로운 지식을 꾸준하게 습득하는 훈련이 있어야 합니다. 양분이 없는데 여러분 앞에 새로운 현상이 나타난다고 해서 그 현상에 대해서 좋은 질문을 만들어낼 수는 없는 것입니다. 읽어야 됩니다. 알아야 합니다. 폭넓은 교양이 필요합니다. 제가 준비한 사례들을 보실 텐데 그분들은 자신의 분야와 동

떨어진 곳에서 아주 좋은 아이디어를 내신 분입니다.

이스라엘에는 '하브루타'라는 교육 방법이 있다고 합니다. 탈무드 등을 교육할 때 사용하는 방법입니다. 이 사람들은 '마따호쉐프'라는 질문을 끊임없이 던집니다. 무엇인가 하면 네 의견, 네 생각이 무엇이냐 하는 것입니다. 책에 있는 대로 내가 이해하고 받아들였다, 하는 것이 아니라 이 본문에 대해서 '네 생각은 무엇이냐?'를 끊임없이 묻습니다. 그래서 이 교육은 선생님이 가르치는 것이 아니라 선생님이 끊임없이 질문을 합니다. 토론과 논쟁으로 자신의 지식을 만들어주는 그러한 교육 방법입니다. 하브루타 교육에서 마따호쉐프는 유명한 질문입니다.

우리나라에서는 과학이나 수학 같은 것을 또래의 학생을 놓고 다른 나라와 비교했을 때 성취도는 높습니다. 그런데 공부에 대한 흥미도가 굉장히 낮습니다. 왜 그런 것인가 생각해보면 여러분이 중, 고등학교에서 수학을 어떻게 배웠는지 생각해봅시다. 여러분 선행학습한다고 학원에 가거나 또는 속성으로 문제 푸는 방법만 배워서 숙달시킵니다.

그래서 매년 다음 해의 수학 진도에 대해서 선행학습을 하는데 선행학습이 일정 시간을 두고 천천히 수학을 공부하게 만드는 것이 아니라 여러분한테 문제 푸는 법을 가르쳐줍니다. 그러니까 수학이 온갖 공식과 공식이 뒤따르는 방법, 테크닉을 배우는 것으로 바뀌어 버렸습니다. 정말 수학적인 것은 논리체계입니다. 전제조건이 있고 그것에서 논리적인 체계를 가지고 결과를 도출하는 것. 하지만 우리가 이렇게 배울 기회가 없었습니다. 우리나라에서는 수학, 과학은 많이 배웠지만 그에 대해서 흥미도가 많이 떨어지는 부분이 고민입니다.

처음부터 좋은 질문이 만들어지지는 않습니다. 질문이 생각의 수준을 결정합니다. 생각이 성숙해지면 행동으로 나타나게 됩니다. 행동은 좋은 습관. 심지어 어떤 사람은 습관이 자신의 인격이라고 말합니다. 좋은 습관을 갖는 것. 굉장히 중요합니다. 그래서 지식과 경험 자체가 우리를 키우는 것이 아닙니다. 우리가 정말 필요한 건 지식과 경험을 통해서 그것이 나한테 어떤 의미가 있는 것인지를 찾는 것이 더 중요한 게 아닌가 생각합니다.

예를 들어 뜬금없는 질문, 그런데 그 질문도 질문의 몇 가지 체크 포인트로 따지고 보면 굉장히 좋은 질문으로 정제될 수 있습니다. 어떻게요? '만약에' 라는 질문을 붙여봅니다. 이렇다면 어떻게 됐을까? 문제해결의 대안이 나올 수 있을까를 모색해 봅니다. 여러 가지 노력을 통해서 모색한 것이 잘 안 될 수도 있습니다. 그렇다면 '왜 안 됐을까?'를 생각하게 되겠죠? 그것에 부딪히면 다시 만약에? 우리가 전제했던 것이 달라진다면? 이 문제는 어떻게 바뀔 것인가? 그다음 또 하나는 문제에 대해서 도전을 해보다가 잘 안 돼요. 그러면 포기를 합니다. 그런데 왜 안 돼? 하는 생각. Why not? 왜 안 될까? 하는 것에는 두려움도 포함되어 있을 수 있습니다. 그렇다면 왜 두려운지 나열해 봅니다.

이런 것이 우리의 마음을 정리하는 데 굉장히 도움이 됩니다. 그래서 두려움의 실체를 파악해 봅시다. 제일 바보 같은 질문. 한 번 실패를 했어요. 그런데 나는 왜 안 될까, 라고 자기 자신을 부정하는 사람이 제일 어리석습니다. 자기 자신을 부정적인 자기 모습의 함정, 감옥 속에 가두는 생각입니다. 지금 뭔가 하나가 잘 안 됩니다. 그것을 자신이 분석을 해보고 못할 게 뭐가 있어? 이런 긍정적인 생각을 가지는 것이 중요하지 않을까 생각합니다. 우리가 성공하는 사람들을 보면서 부러워하기도 하고 나는 왜 안 될까? 이런 생각들을 많이 하는데, 시간에 따라서 성취도의 그래프를 그려보면 성취도의 차이는 뚜렷하게 나타납니다. 하지만 이 그래프는 누구나 다 S곡선을 가지고 있습니다. 이것이 굉장히 희망적인 겁니다. 누구나 다 S곡선을 가지고 있으니 처음에 낮은 사람은 과정 중에 있는 것입니다. 시간이 지나면 같은 선에 서게 되고 더 나아갈 수 있게 되는 경우가 많습니다. 그런데 특정한 시점에서 높은 사람을 바라보면서 나는 안 되는가? 라는 회의를 하죠. 여러분 그렇지 않습니다. 끈기 있는 사람, 꾸준히 하는 사람, 즐겁게 성취해 나가는 사람을 이길 수가 없습니다.

사람뿐 아니라 동물은 어떠한 신경구조를 가지고 있는가? 뉴런이라는 신경의 말단에 시냅스라는 것이 있습니다. 시냅스하고 시냅스가 화학적인 정보를 주고받음으로써 뉴런과 뉴런 사이에 전달이 됩니다. 이것의 구조를 잘 생각해보면 컴퓨터상에서 인공적인 신경망 구조로 만들어 놓습니다. 이것이 인공지능의 기본이 되는 인공신경망의 원리가 되는 것입니다. 로봇도 인간의 형상을 한 로봇, 동물을 형상화해서 만든 로봇. 로봇은 사람과 같이 2족 보행을 하는 것보다 4족 보행을 하는 것이 더 안정성 있습니다. 예를 들어, 산악지형에 물건을 운반할 때 4족 보행을 하는 로봇이 훨씬 더 도움이 될 거예요. 이것은 동물에서 아이디어를 얻어 온 것이겠죠? 실제 로봇의 대부분은 공장에서 사람이 반복적인 일을 하는 것을 대신해 주는 것으로 많이 사용되고 있습니다.

사람의 몸에서 세포조직을 하나 떼어냅니다. 그 세포조직을 배양하고 증식시킵니다. 그 후 충분한 세포조직이 나왔을 때 신체 모양의 틀에 붙여놓으면 세포들이 성장합니다. 그 모양을 따라서 귀, 코 모양의 틀은 완벽한 자신의 세포조직입니다. 그것을 이식하면 접합이 잘 되겠죠? 이러한 아이디어들이 많이 있습니다.

자동차의 핵심은 엔진입니다. 그런데 전기로 바꾸는 생각을 사람들이 합니다. 하이브리드 전기 자동차죠. 그런데 그 방식이 무엇이냐 하면 동력을 발생시키고 나면 동력을 축으로 연결해서 바퀴를 구동합니다. 왜 그렇게 하는가? 바퀴를 돌리기 위해서는 모터와 엔진을 사용하는데 바퀴를 직접 굴리면 어떨까 하는 생각을 합니다. 이것을 인휠모터라고 합니다. 바퀴 자체가 모터로 되어 있습니다. 이러한 아이디어도 있습니다.

세면대에 머리카락이 걸려 막히는 것은 일상생활에서 우리도 다 겪었을 법한 문제입니다. 이런 사소한 것을 가지고 불편하지 않게 하려고 했던 것이 특허가 되고 상품성이 있어서 기업화를 하고 있다는 것이 신기하지 않습니까?

저녁에 운전을 하다보면 자전거 타고 가시는 분 옆에 지나가면 잘 안 보여서 섬뜩합니다. 굉장히 조심하게 됩니다. 만약에 자전거 타시는 분이 사람이 있다는 것을 표시해줄 수 있는 등이 있으면 좋지 않겠어요? 간단한 아이디어입니다. 그것을 개발한 사람도 있습니다.

발명품 이야기 및 새로운 아이디어를 찾아내고 발명하는 것이 이처럼 우리 사회를 위해서 아주 중요한 것입니다.

테트라팩 이야기입니다. 첫째는 아주 좋은 질문이 있습니다. 왜 종이로는 액체를 포장할 수 없을까? 흐르지 않고 손에 묻히지 않는 화장품을 개발할 수 없을까? 또 작으면서도 관리가 쉽고 물로 씻을 수 있는 공기청정기를 만들어 낼 수는 없을까? 세면대에 물이 내려가는 것이 막히지 않게 할 방법은 없을까? 이러한 질문들이 있었고 그다음에 그것을 위해서 굉장히 많은 문제점을 제거해 나가는 과정을 통해서 최종적으로 좋은 결실을 얻어낸 것이죠. 일상에서 여러분의 삶에 무언가 중요한 것을 하나 잡았다 했을 때는 번뜩이는 아이디어가 한 번에 오는 경우도 있겠지만 사실 그것을 붙잡고 무엇인가 해결이 될 때까지 끈기 있게 밀고 나가는 힘이 중요합니다.

나이지리아의 사업가가 농기계 렌탈 사업을 했습니다. 나이지리아는 국토가 굉장히 넓은 나라입니다. 인구도 많습니다. 그런데 농민은 가난합니다. 기계화가 잘 안 되어 있습니다. 그래서 농민한테 기계화를 알리고 보급하고 싶은데 기계 값이 비싼 거예요. 그렇다면 렌탈을 해주자. 돈 있는 사람이 기계를 사면 이 회사에서 임대를 할 수 있도록 알선을 해주는 겁니다. 그리고 현재 기계 상태를 모니터링할 수 있고 기계의 위치가 어디에 있는지 알 수 있게 추적 장치를 붙였습니다.

나이지리아에서 사용하는 농기계는 미국에서 사용하는 것보다 작고 저렴한 농기계면 됩니다. 미국에서 만드는 농기계의 1/10의 가격으로 기계를 만들어서 나이지리아에 보급하기 시작했습니다. 그 이후 농민들은 40배 정도의 노동 생산성을 가져오게 되었습니다. 어마어마합니다. 많은 사람이 농민임에도 불구하고 식량자급이 어려웠던 나라에서 생산성을 올릴 수 있는 것은 굉장히 큰 도움입니다. 이 사람은 미국의 빈민촌에서 살았는데 지금은 월스트리트에서 유명한 기업가로 살아가고 있습니다.

요즘 온실가스 때문에 문제가 많습니다. 온실가스의 주범이 이

산화탄소인데 식물은 이산화탄소를 광합성을 통해 당분으로 만들 수 있는 능력을 가지고 있습니다. 그러면 그것을 인공적으로 모방하는 태양에너지 장치를 만들면 되지 않을까? 광합성 하는 태양에너지 장치를 개발했습니다. 앞으로 개발한 태양에너지 장치를 이용하면 이산화탄소가 화석연료로 환원이 되는 겁니다. 굉장하죠?

케냐의 마라토너가 있습니다. 올림픽 마라톤에만 3번 출전했습니다. 그 사람은 케냐의 피난민촌에 희망을 주기 위해서 젊은 사람들한테 달리기 시합을 시켰습니다. 그중 유망하다고 판단되는 사람 10명을 데리고 가서 자신이 마라톤 훈련을 시켰습니다. 올림픽 사상 2016년 리우 올림픽이 최초로 난민팀이 출전한 올림픽입니다. 그 난민팀에 마라톤 코치로 활동을 하신 분입니다. 그분은 여성입니다. 그리고 키가 150cm입니다. 그분이 올림픽에 출전하기 위해 대표팀에서 훈련할 때 남자들 뒤치다꺼리까지 시켰습니다. 음식, 빨래 등. 케냐에서 여자가 올림픽 출전을 위해 훈련하는 것이 얼마나 힘든 일이었겠습니까? 그런데 지금은 그분이 난민들에게 희망을 주는 코치로 활동하고 있습니다. 정신이 아름답지 않습니까?

전 세계 인구 중에 20% 정도가 아주 불결한 식수를 사용하고 있습니다. 그 때문에 수인성 전염병에 많이 노출되어 있습니다. 한 사람이 은과 구리를 이용해서 나노입자를 입힌 종이를 개발했습니다. 종이가 필터로 사용됩니다. 이 종이 한 장으로 99.9%의 세균을 살균할 수 있습니다. 그리고 종이 10장을 가지면 1톤의 물을 정제할 수 있는데 사람이 하루 평균 2L의 물을 마시라고 권장하잖아요? 하루 2L면 1년에 700L. 불과 종이 10장을 가지고 1년 반 정도를 쓸 수 있습니다. 종이 한 장을 가지고 2달 정도 사용할 수 있습니다.

다음으로 Buy up Index. Buy up Index가 어떤 것인가 하면, 여자들은 아직 사회에서 고위직에 올라가기가 힘듭니다. 그런데 여자들의 능력을 잘 보여줄 수 있는 영역이 어디인가? 이것을 누군가가 생각했습니다. 그래서 무엇을 만들었느냐? 여자들이 의사결정에 높은 단계에서 활동할 수 있는 회사. 여성의 육아, 출산 등 혜택이 잘 갖춰진 회사. 여성에게 조금 더 신경을 써주고 우호적인 회사의 물건을 여자들이 많이 사주자. 그래서 그것을 위해서 지표를 만들었어요. 그것이 Buy up Index입니다. 저는 이것이 조용하게 힘을 발휘할 수 있는 분야를 찾아낸 것이라고 생각합니다.

시각장애인이 마트에 가면 유통기한을 알고 구매를 하고 싶습니다. 그런데 맹인이기 때문에 유통기한을 볼 수 없어요. 그래서 무엇을 생각했느냐 하면 별거 아니에요. 'Be my eyes'라고 하는 것은 시각장애인이 마트에서 물건을 고르고 스마트폰을 가지고 자원봉사자에게 도움을 요청하면 자원봉사자가 스마트폰을 통해 음성으로 가르쳐 주는 것입니다. 여러분 지금 이 내용이 획기적인 것은 아니죠? 그런데 이 네트워크가 지금 현재 32만 명이 사용하고 있습니다. 굉장하지 않습니까? 시각장애인 32만 명이 스스로 자립해서 물건을 살 수 있는 그러한 계기를 만들어준 겁니다.

어떤 철학자는 AI문제, 인공지능 AI가 앞으로 인류에게 심각한 재앙이 될 것이라고 보고 있습니다. 그래서 끊임없이 조사하고 발표하고 있습니다. 사실 AI가 우리 실생활에 들어오면 들어올수록 인간답게 AI를 활용하는 여러 가지 주제들이 필요할 텐데 누군가가 고민을 해야 합니다. 그래서 저는 철학가인 무함마드 유누스를 소개합니다.

무함마드 유누스는 방글라데시 경제학 분야의 교수입니다. 그는 "젊은 사람들은 바르게 생각할 줄 알아야 한다. 젊은 사람들은 일자리를 찾는 사람이 아니라 일자리를 만드는 사람, 일자리를 주는 사람이 되도록 해야 한다."라고 했습니다. 제가 이 사람을 소개하는 이유는 이 사람은 2006년 노벨상 수상자입니다. 여기에 재밌는 말이 있습니다. 공상 과학은 있는데 공상 사회소설은 없다는 거예요. 여러 가지 과학적인 도구들이 발명이 돼서 향후 세계가 바뀔 것이라고 하는 공상 과학은 있는데 왜 이런 사회로 갈 수 있느냐 하는 문제를 고민하지 않는가? 여러분이 이 강의를 통해서 비전을 갖는 사람이 되었으면 좋겠다, 라는 생각으로 이 분에 대해서 이야기하려고 합니다.

　무함마드 유누스는 방글라데시에서 태어나고 지금도 방글라데시에 있습니다. 방글라데시라는 나라가 파키스탄과 합쳐져서 동파키스탄, 서파키스탄이 되었는데 동파키스탄이었어요. 그런데 1972년, 1973년도에 다시 분리하기 위해서 서파키스탄과 전쟁을 했습니다. 그다음해인 1974년도에 방글라데시 인구가 1억 5천만 명 정도 됩니다.

　그런데 그 나라에 대기근이 들었습니다. 굉장히 많은 사람이 죽었습니다. 이 사람이 그 빈민들이 사는 모습을 보고 어떤 생각을 했느냐 하면, 그곳에 가보니 벼룩의 간을 빼먹는 사람들이 있었다는 거예요. 고리대금업자가 있었던 거예요. 그래서 이 사람이 자기가 혼자 할 수 있는 작은 일을 시작했어요. 아주 작은 돈이지만 주로 여성들이 가내수공업으로 수익을 만들어낼 수 있는 최소한의 자본금을 빌려줬어요. 총 금액이 한 사람당 27달러. 전체 인원 42명. 그런데 1년 뒤에 보니 자신에게 돈을 빌려갔던 사람 전부 다 자신의 생활을 개선하는데 쓸 수 있었고 그러면서도 27달러를 다 갚았습니다. 여기에 중요한 팩트들이 여러 가지 있는데, 그 중 한 가지가 42명에게 돈을 빌려줄 때 누구의 보증을 받았는가? 그 마을 공동체의 보증을 받았어요. 모든 사람이 보는 앞에서 돈을 빌려줍니다. 그래서 이 사람이 깨달은 것이 무엇인가 하면 건강한 공동체가 있는 게 중요하다고 깨달아서 마을 공동체들을 건설합니다. 방글라데시에서 4만 개 정도의 마을 공동체 건설운동을 벌입니다. 그리고 이 사람이 다른 사람들에게 호소를 해서 1983년도에 '그라민(마을) 은행'을 설립합니다.

많은 사람이 소규모 자본을 빌려서 자신이 스스로 스몰 비즈니스를 운영함으로써 빈곤 상태가 개선될 수 있게 크게 기여를 합니다. 여러분 지금 이 이야기가 어려운 이야기처럼 들리지 않죠? 자기 주머니에 1000달러가 있어서 42명에게 나눠 준 거예요. 마을 사람들에게 보증 받아서 갚으라고 한 겁니다. 대신에 이자는 거의 안 받고. 그런데 그것만 가지고도 이 사람들의 생활이 현저하게 개선이 되더라. 이것을 확대해서 빈민을 구제하는데 좋은 시스템을 만들어보겠다. 옛말에 '가난 구제는 나라도 못 한다'고 했습니다. 그런데 이 사람은? 그게 아니다. 우리가 기회를 주면 가난한 사람도 할 수 있다. 이 사람이 한 말 중에 굉장히 중요한 말이 있습니다. "가난한 사람들한테도 능력이 있다. 그 증거가 무엇이냐? 이 사람들 아직 살아있지 않느냐. 이 사람들이 아직까지 생활을 하고 있으면 이 사람들에게도 기회를 주면 잘 살수 있다." 이러한 신념을 가지고 있었습니다.

일상에서 비전을 얻는 것이 사소한 계기에서 출발해서 40년이란 시간 동안 정착을 시켜 놓았는데 최근에는 방글라데시 국내에서 곤경을 많이 치르고 있습니다. 이 사람이 정치 분야에서 반부패운동을 전개했습니다. 정치인들의 심기를 건드려서 고소,

고발당하고 골치 아픈 상황에 있는데 이 이야기는 여러분 한 번쯤 찾아서 읽어보셨으면 좋겠습니다.

우리가 무엇인가 창조를 하겠다고 하면 좋은 질문도 있어야 하고 그 질문에 대해서 해답을 꾸준하게 모색을 해나가는 과정도 있어야 합니다. 그래서 창조적 과정의 구조는 질문과 끈질긴 모색이라고 생각합니다. 지속적인 모색 과정에서 질문은 더 좋은 질문으로 성장하고 그 과정에서 좋은 해결책이 자꾸 나오게 됩니다. 여러분이 무엇인가를 꿈꾼다는 것을 가볍게 생각하지 마십시오. 오늘은 모델이 되겠다고 꿈꿨다가, 가수, 프로게이머 등 하루가 다르게 이것이 내 적성인가, 아닌가를 고민하는데 중요한 것은 여러분이 가지고 있는 질문 하나를 붙잡고 꾸준하게 모색해 나갈 수 있는 자신의 다스림이 중요하다고 생각합니다.

우리가 늘 겪는 연습. 목표를 가지고 연습을 꾸준히 하는데 누구나 다 성공하는 것은 아닙니다. 연습을 하는 사람, 공부를 하는 사람도 마찬가지로 항상 결과에 대해서 상실감을 갖게 되어 있습니다. 누구나 다 똑같습니다. 그래서 이런 이야기를 많이 하죠. 투자한 시간, 노력, 재능과 야망은 그저 낭비한 것에 불과한 것인가? 그런데 어차피 연습이라는 것은 내가 그만두기 전까지는 반복하는 것이잖아요? 그것이 연습이잖아요? 그래서 자신의 것을 찾는 자기 창조, 자아가 재탄생하는 그러한 연습이 진정한 연습이지 생각 없이 반복되는 것은 연습이 아닙니다. 연습의 중요성은 자아를 창조하는 것이다. 그래서 끊임없이 자기를 재평가하는 과정이 들어가 있고 생각하는 과정이 들어가야 연습이 연습으로서의 의미가 있지, 생각이 뒤따라주지 않는 연습은 좋은 연습이 아니라고 생각합니다. 오늘 여러 가지 이야기를 했습니다만, 최근에 기사가 많이 나오는 영국 사람이 있습니다. 그 사람이 제임스 다이슨입니다. 다이슨은 무엇으로 유명하죠? 진공청소기. 다이슨이라는 사람은 영국의 왕립예술대학을 나온 사람입니다. 산업 디자이너입니다. 이 사람이 1978년도에 '후버'라는 회사의 진공청소기로 청소를 하다가 1년 정도밖에 안 썼는데 청소가 잘 안 되는 거예요.

이유가 무엇인가 보니 안에 종이로 되어 있는 더스트백이 있죠? 먼지가 많이 쌓이면 공기가 잘 안 통하니까 빨아들이지를 못해요. 그래서 이 사람이 종이로 된 더스트백이 없는 진공청소기를 만들 수 없을까? 이런 생각을 했는데 아이디어를 얻은 것이 무엇인가 하면 공기 중에 물방울 같은 것이 섞여 있으면 사이클론이라고 하는 장치로 물방울하고 공기가 분리될 수 있어요. 물방울과 공기가 분리가 된다면 먼지와 공기도 분리할 수 있지 않을까 해서 더스트백이 없는 사이클론의 원리를 이용하는 진공청소기를 개발하는데 5년이 걸렸습니다. 5년 동안 이 사람이 시제품을 5127개를 만들었다고 합니다. 여러분 상상이 가십니까? 평균적으로 하루에 3개씩의 시제품을 만들어야 합니다.

1983년도에 상품화하기 위해서 기업들을 찾아다녔는데 전부 거절당했습니다. 그래서 1991년도에 일본으로 넘어가서 카탈로그만 가지고 판매를 하겠다고 덤빕니다. 놀랍게도 일본에서 1개당 2천 불에 팔았습니다. 일본에서 더스트백이 없는 진공청소기를 쓰고 있는 것이 사회적인 자랑거리가 된 거예요. 1993년도에 이 사람의 성공을 바탕으로 해서 영국에 돌아와서 투자를 받아 자기가 만들기 시작한 거예요. 그것이 오늘날 다이슨 청소기입니다.

이 사람은 현재 왕립예술대학의 학장으로 있습니다. 지금도 끊임없이 자기의 아이디어를 내는 데 시간을 쓰고 있습니다. 제가 오늘 하는 이야기의 결론은 좋은 질문을 가질 줄 알아야 하는데 그러기 위해서는 노력이 필요합니다. 좋은 질문은 불현듯이 여러분에게 다가오는 것이 아닙니다. 여러분이 가지고 있는 기본 지식들, 책을 읽거나 배우거나 다른 것들을 경험하고 이 모든 것들이 종합되었을 때 여러분에게 좋은 질문이 떠오릅니다. 그런데 질문만 가지고 비전이 생기는 것이 아닙니다. 그것을 꾸준하게 모색하는 과정이 뒤따라야합니다. 이 두 가지를 여러분에게 부탁을 하고 여러분 모두가 성공적인 비전을 가질 수 있는 사람이 되기를 간절히 소망합니다.

함 성 호

세상의
설계로서
건축

건축가, 시인. 건축디자인실험
집단 EON의 대표를 역임하
고, 교보문고 문화웹진의 편집
위원으로 활동했다. 『아무것
도 하지 않는 즐거움』, 시집
『56억 7천만 년의 고독』, 기행
산문집 『허무의 기록』 등의 저
작이 있다.

우리 사회는 크로노스의 시간을 벗어나서 카이로스의 시간으로 진입하고 있습니다. 4차 산업이 어떻게 될지는 모르지만 우리가 알아야 할 것은 '카이로스의 시간에서 나타나는 자신을 만나야 할 때이다.' 라는 것입니다.

안녕하세요. 오늘 이야기할 주제가 우리 삶의 공간과 시간에 관한 것입니다. 제가 건축 설계를 지금도 하고 있는데, 건축 설계라는 것이 잡다한 분야입니다. 학문이라고 할 수 없고 학문이라고 여겨지기가 쑥스러운 것입니다. 건축도 일종의 기술이고 그리고 이것은 대학에서 심각하게 연구할 것이 안 됩니다. 그런 만큼 건축이라는 것은 잡다한 분야로 이루어져 있습니다. 그래서, 하버드라는 대학이 원래 목사를 양성하기 위해서 만든 학교입니다.

그것이 점점 장사를 하게 되면서 여러 분야가 생기게 되었고 건축과도 생기게 되었어요. 하버드에서 건축과는 변두리에 처박혀 있습니다. 쓸모없는, 학문으로 취급 안 한다는 이야기입니다. 왜냐하면 건축은 아무리 발달해도 인류의 문화에 기여를 못 합니다. 그렇다면 영국의 유명한 건물, 성 이런 것들은 건축인데 그런 것들은 인류 발전에 기여를 못 하는 것이냐, 라고 물으실 수 있겠지만 그것을 만든 사람은 왕이고, 승려들이고, 그 시대의 지배 이데올로기가 만든 것이고, 사실 그 건물을 만들고 지은 건축가는 사람들의 하수인일 뿐입니다. 그래서 건축은 자조적으로 권력의 시녀이고 자본의 주구이다, 이런 말도 합니다. 그래서 학문이라는 축에 들지 못합니다. 그 대신에 건축과에 들어가면 여러 가지 기술을 배웁니다. 도면을 배우는 방식은 둘째 치고 학교에서 배우는 것들은 사회에 나가서는 쓸모가 없습니다. 도면도 회사에 가면 다시 다 배워야 하는데, 잘하는 것이 무엇인가 하면 건축 의뢰인을 꼬시는 일을 제일 잘합니다.

사람을 꼬시는 일. 저 사람을 어떻게 설득해서 내가 원하는 방향으로 끌고 갈까. 어떻게 하면 돈을 좀 더 쓰게 할까 하는 기술들. 그런데 이런 기술이 말로만 해서 되겠습니까? 절대 안 됩니다. 그 말을 뒷받침해줄 수 있는 많은 데이터가 있어야 합니다. 그 데이터를 만드는 기술이 발전합니다. 그것이 디자인입니다. 건축에서 디자인이라는 것은 그림을 예쁘게 그려서 집을 예쁘게 그리는 것이 아닙니다. 그 사람에게서 뽑아낼 수 있는 최대한의 기술, 그것이 디자인입니다. 그것이 안 되면 실패합니다. 아무리 좋은 디자인이라도 건축에서는 돈이 안 들어가면 좋은 디자인이 될 수 없습니다.

건축은 항상 돈과 연결되어 있기 때문에 그 돈을 어떻게 끌어낼 수 있는가 하는 것이 관건입니다. 서울에서 한창 이야기되고 있는 고가도로, 필요한 겁니까? 우리에게 필요하지 않을 수도 있습니다. 어떤 건축가가 가서 박원순 시장을 꼬신 겁니다. 수백억을 쓰게 만들었죠. 그렇게 해놓고서 너무 조속하게 하다 보니 뉴욕의 하이라인처럼 되지 못하고 아파트 베란다처럼 되어버렸죠. 그곳에 화분을 가져다 놓은 것이 다입니다. 디자인이 잘못된 거죠. 그 말은 고가도로의 디자인이 잘못된 것이 아니라 돈이 나올 때 자본과 권력에서 끌어낼 수 있는 모든 것을 끌어내기 위한 디자인이 잘못되었다는 것입니다. 그 디자인이 잘못되면 건축은 망하기 마련입니다.

그래서 건축과를 나온 사람은 어디서든 일을 할 수 있습니다. 편집회사에서도 일할 수 있습니다. 책을 만드는 일도 할 수 있습니다. 북 레이아웃이라는 것도 하나의 디자인이거든요. 어떻게 이 디자인을 통해서 사람을 꼬시느냐. 제품 디자인도 할 수 있습니다. 보통 제품 디자이너들은 자기 영감에 의존합니다. 제품의 특성과 재료의 속성. 건축과 출신들은 이 디자인이 왜 이렇게 되어야 하는지에 당위성을 따집니다. 그렇게 디자인을 내놓습니다. 설득을 안 당할 수 없습니다. 그다음에 기획실, 기획이라는 곳이 데이터를 모으고 분석하고 체계적으로 분류하는 작업을 합니다. 그것도 역시 디자인이죠. 건축이 잡다하고 천박하고 학대를 받는 학문인 만큼 잡다하게 아는 것도 많습니다.

고고한 학문은 자기의 공부, 한 가지 정도밖에 알시를 못하는데 건축은 그렇지 않습니다. 건축은 잡다한 만큼 많이 써먹을 수 있습니다. 그래서 건축과 나온 사람은 꼭 건축가가 되려고 하는 것에 문제가 있습니다. 대학이라는 곳이 직업 훈련소가 아닙니다. 여러분이 대학에서 배운 전공들. 사회학, 철학, 건축학, 이런 것이 여러분의 직업이 될 이유가 없습니다. 그냥 여러분은 관심이 있기 때문에 배우는 것입니다. 사회에 나가면 전혀 다른 길을 갈 수도 있습니다. 그런데 여러분은 건축과를 나오면 건축가가 되어야 하고 건축회사에 들어가야 한다고 생각을 하죠. 그게 문제입니다. 그게 여러분의 폭을 스스로 좁히는 겁니다. 여러분은 그냥 대학에서 자기의 전공을 재밌게 공부하면 되는 겁니다.

여러분은 불확실해야 되는 거죠? 불안한 것이 아니라. 내가 건축과를 졸업해서 훌륭한 건축가가 될 수 있을까? 이런 생각은 불안이죠. 불확실한 것과는 다릅니다. 여러분은 지금 불안해하고 있습니다. 자기의 전공을 살려서 무엇인가를 해야지 하는 생각에 사로잡혀 있습니다. 그런데 여러분은 불확실해야 합니다. 제 주변에 친구의 아들, 딸과 같이 이야기해보면서 놀라운 사실을 하나 알았습니다. 중학교 3학년, 고등학교 2학년인데 이미 자기가 무엇을 하고 싶은 건지 알고 있더라고요. 중학교 3학년인데 저는 PD가 될 거예요. 어떤 피디? 다큐 피디요. 저는 대학교 4학년까지 무엇을 해야 할지 몰랐는데 중학교 3학년인데 자기가 다큐 피디가 되고 싶다고 꼭꼭 집어서 이야기할 수 있을까? 그게 과연 저 아이의 욕망일까 하는 의심도 들었습니다. 요즘 보면 불안해서 그런지 자기 미래를 너무 빨리 고정시켜서 가는 것 같습니다. 더 방황하고 더 놀고, 더 불확실해도 괜찮은데 불안하기 때문에 빨리 자기의 진로를 결정하고 싶은 성급함이 있는 거죠.

아까 말한 그 아이는 분명히 실패를 할 겁니다. 중학교 3학년이 다큐 피디가 되고 싶다고 카메라를 들고 나가서 찍고 그럽니다. 그 친구는 고등학교에 올라가서 대학에 갈 때에는 피디가 되기 위한 과에 진학을 할 겁니다. 입학에 성공할 수 있을까요? 그것은 모르는 일입니다. 떨어질 수도 있죠. 그러면 그 친구는 좌절을 할 겁니다. 또 도전하겠죠? 또 실패할 수도 있습니다. 그다음에 PD 공채시험에서도 떨어질 수도 있습니다. 저는 왜 그런 실패를 처음부터 하는지 이해가 잘 안 갑니다. 하고 싶은 것이 없으면 실패할 것도 없잖아요. 그리고 천천히 생각을 해보는 거죠. 내가 하고 싶은 것이 진짜 무엇일까? 과연 그 어린아이가 말한 다큐 피디가 자신이 하고 싶은 것인지 아니면 선생님의 칭찬 한마디에 결정이 된 것인지, 부모님의 욕망인지 다른 친구의 욕망이 자신의 것이 된 것인지 그것은 아무도 모릅니다.

여러분이 지금 어떤 과에 계신지는 잘 모르겠지만 대학에 들어올 때 점수에 맞춰서 들어오신 분들은 정말 잘하신 겁니다. 여러분은 하고 싶은 것이 없기 때문에 실패할 확률이 없고 그리고 불안하지도 않아요. 미래에 불안해 할 필요가 없습니다. 더 시간을 가지고 선택하시면 됩니다. 스물아홉 살, 서른두 살까지는 아직 시간이 있습니다. 시간을 충분히 가지고 자기 인생의 진로를 정할 수 있습니다. 그것이 바로 시간을 어떻게 설계하느냐 하는 문제와 다르지 않다는 것입니다.

그렇다면 건축이라는 것들이 우리 삶의 공간과 시간에 어떻게 접근을 하고 있는가? 여기에 대해서 보겠습니다. 여러분들 요즘 한자를 안 배우지만 천자문에 보면 天地玄黃宇宙洪荒천지현황 우주홍황-하늘은 검고 땅은 누렇습니다. 그렇다면 문법적으로 천현지황이라고 해야 문법적으로 맞죠? 한문의 특성은 말을 뒤바꾸어 놓으면서 시간과 공간을 얽어서 넣는 특성이 있습니다. 그래서 동아시아에서 건축이라는 것은 집 宙. 이것은 시간을 가리킵니다. 시간이라는 뼈대를 두르고 우. 공간이라는 '거죽' 이라든가 '집' 이라든가 공간으로 시간을 둘러싸고 있는 것들이 동아시아에서 건축의 의미입니다. 요즘은 기둥을 잘 안 세우는데 여러분이 술을 마시러 간다거나 밥을 먹으러 식당에 들어가 보면 기둥이 있을 것입니다. 거기에 유리로 벽을 트죠. 폴딩 도어와 같은 것으로. 그 기둥이 바로 시간에 해당됩니다. 그리고 유리 그것이 바로 공간이라는 것입니다.

공간으로 시간을 싸고 있는 것이죠. 그런데 여러분들은 식당에 가서 이런 것을 못 느끼시죠? 왜냐하면 동아시아의 우주론, 동아시아에서의 건축론은 여러분에게 전달이 되고 있지 않습니다. 여러분은 완전히 서양식 교육을 받은 사람들이어서 동양의 전통이라든가 여러분이 전통적으로 물려받은 것이 없다고 보셔야 합니다. 여러분은 서양식 사고를 하고 서양의 문물을 쓰고 정신도 그렇게 된 사람입니다. 여러분은 동양 사람이 아닙니다. 그렇다면 공간이라는 것과 장소는 어떻게 다른가?

여러분 흔히 우주 장소라는 말을 안 쓰시죠? 우주 공간이라고 하죠. 점점 현대화되면서 공간이라는 말을 많이 쓰고, 장소라는 말을 잘 안 씁니다. 우주 공간, 카페 공간 이런 말을 많이 쓰지 장소라는 말을 많이 안 씁니다. 우리는 공간이라는 것과 장소라는 것을 잘 구분하지 못합니다. 지금 이곳에 계신 분들도 구분하는 사람이 없을 것이라고 생각합니다. 공간과 장소는 분명히 다릅니다. 여러분은 다른 것을 모릅니다. 모르는데도 일상에서 이 단어를 사용할 때 명확하게 구분해서 사용을 합니다. 아주 정확하게. 나는 왜 영어를 못할까? 이런 생각을 하는 사람이 많겠지만 모든 언어를 다 배우실 수 있습니다. 공간이라는 말과 장소라는 말도 구분 못 하면서 우주 장소라고 하지 않고 자연스럽게 우주 공간이라고 합니다. 모든 언어에서 할 수 있는 문법적 구조가 내장되어 있는 겁니다. 공간은 순수한 공간이에요.

공간이라는 것은 물리적 공간입니다. 장소라는 것은 시간이 같이 돌아가는 거예요. 만약에 느티나무 아래의 평상을 떠올릴 때 그 기억이 있는 사람들, 할아버지가 바둑을 두는 것을 본 사람들, 그 시간을 경험했던 사람들에게 느티나무 아래는 공간이 아니라 장소가 되는 것입니다. 자기한테 굉장히 소중한 것이 되는 것입니다. 공간이라는 것은 그게 없습니다. 시간이라는 것이 개입을 하지 않는 겁니다. 그래서 공간이라는 것은 버릴 수도 있어요. 소위 말해 서울시에서 고가도로에 공원을 만들었는데 왜 거기다가 공원을 해야 하는가? 거기에서 자동차로 지나갈 수 있는 사람은 몇 안 될 겁니다. 대중교통 수단이 그쪽으로 지나다니기도 하지만 대중교통을 이용하는 사람한테는 고가도로에 대한 추억이 크지 않습니다. 그런 것들을 철저히 인식하지 못하고 공원을 만들려 하다 보니 실패하게 되는 것입니다. 서울에 사는 사람들이 그 공간에서 어떤 추억을 가지고 있는가? 이 부분에 대해서 세밀하게 조사를 했었어야 됐던 일입니다.

장소라는 것에는 여러분의 추억이 개입되어 있어야 합니다. 한 편의 영화가 상영된다고 했을 때 저 영화 좋다, 이렇게 생각하고 있는 것은 무엇일까요? 그 영화의 스토리가 좋아서 그렇게 생각할 수도 있습니다. 하지만 아련하게 자기 마음속에 파고든다고 했을 때 반드시 자기의 추억과 밀접하게 연관이 있습니다. 자기의 시간이 영화라는 시간 속에 개입이 되어버리는 거죠. 그럴 때 영화는 필름이 돌아가는 물리적인 실체에서 자기의 추억이 되는 겁니다.

T라는 시간의 축이 있고, 원은 공간이에요. 순수한 공간, 순수한 공간이 시간의 축으로 굴러 들어가는 것, 그랬을 때 원의 면

적, 이게 바로 장소라는 겁니다. 그러면 건축이 만들어 내는 것
은 무엇일까요? 건축은 시간을 설계할 수 있는가? 건축은 공간을
만들어 내지만 시간을 만들어 낼 수는 없어요. 공간은 내가 앞에
벽을 치게 되면 내가 만든 공간이 돼버립니다. 그런데 시간은 인
간이 만들 수 없습니다. 기독교 신앙에서 시간이라는 것은 인간
이 만들지 못하고 오직 신만이 만들 수 있는 거예요. 그래서 시
간이라는 것은 신의 선물입니다.

　시간을 가지고 장난치는 사람들이 있죠? 이자놀이. 자기가 힘
들여서 땅을 일궈서 땀을 흘려 곡물을 취하는 것이 아니라 돈을
빌려줘서 시간이 지남에 따라 그에 대한 이자를 받아서 먹고 살
아가는 사람이 생기죠. 그 사람들이 누구예요? 유대인이죠. 그래
서 2차 세계대전 때 나치에 의해서 엄청나게 학살을 당했죠. 나
치의 히틀러가 그 사람들을 죽인 것이 아니라 전 유럽이 공모해
서 유대인을 죽인 거예요. 유대인들은 기독교 신앙에서 봤을 때
신의 선물을 가지고 장난치는 자들이었던 것이죠. 그렇다고 제
가 유대인 학살을 옹호하는 것은 아닙니다. 그래서 건축은 시간
을 설계할 수 없습니다. 건축은 공간을 만들어 놓고 시간을 기다
리죠.

　신혼부부가 들어와서 살 집을 설계했다고 하면, 공간을 만들
어 놓고 신혼부부가 아이도 낳고 아이가 자라서 학교에 들어가
고 그 가족이 살아가는 것이죠. 그런 시간은 건축이라는 것이 어

쩔 수 없이 놓아 줄 수밖에 없습니다. 예상할 수는 있어요. 그것은 불가능한 예상이죠. 건축은 늘 공간이라는 것. 시간이라는 것에 절명할 수밖에 없습니다. 인셉션 영화의 한 장면인데 건축은 이것을 설계할 수 없습니다. 건축을 이렇게 디자인하면 그 건축가는 미친놈 소리 듣습니다. 폐허를 디자인할 수는 없습니다. 폐허처럼 만들 수는 있겠죠. 하지만 시간이 계속 흘러가면서 집이라는 것이 시간에 의해서 포화된 것을 설계할 수는 없습니다. 건축은 시간에 대해서 무능력한 존재입니다. 그러면 시간의 불가능성에 대해서 건축은 어떻게 상상을 하는가?

A라는 점과 B라는 점, C라는 점이 있습니다. A와 B가 같아요. 정삼각형입니다. 그러면 A, B, C 와 같은 거리에 점 D를 찍을 수 있죠. 계속 그런 점을 찍어나가는 겁니다. 제가 여러분에게 차원이라는 문제에 대해서 설명해 드리려고 합니다. D까지는 3차원에서 가능한 점입니다. 그런데 E, F 그 뒤의 점들은 3차원에서 찍기 불가능한 점입니다. 여러분의 상상력 속에서는 이 점을 얼마든지 찍어 나갈 수 있습니다. 인간은 시간이라는 것을 만질 수는 없지만 상상력 속에서는 5차원, 6차원, N차원의 점을 계속해서 찍을 수 있습니다. 우리가 이 점을 왜 찍어야 할까요? 시간이라는 문제를 돌파하기 위해서 찍을 수도 있어요. 가장 중요한 것은 우주가 그렇게 구성이 되어있기 때문에 그렇습니다. 우리 옆으로는 보이지 않는 차원이 지나가고 있습니다. 그 보이지 않는 차

원들이 숨기는 것이 있습니다.

양자역학에서 입자를 계속 자르다 보면 쿼크가 나오고 힉스입자가 이런 식으로 나오죠. 그것을 최종적으로 잘랐을 때 지금 가장 유력한 이론이 무엇이냐면 끈이 나온다는 겁니다. 입자가 나오는 것이 아니라. 이것을 초끈이라고 합니다. 우주를 가능하게 하는 가장 작은, 가장 최소한의 단위가 초끈이고 이 초끈이론은 11차원에서 가능해집니다. 거꾸로 이야기하자면 우리가 사는 이 세계는 최소한 11차원으로 이루어져 있다는 것입니다. 나머지 8차원은 우리 옆에서 보이지 않고 흘러 다니는 겁니다. 보이지 않는 차원을 잡아내기 위해서 이런 훈련을 하는 겁니다. 그리고 시간을 가지고 우리의 상상력으로 어떻게 돌파를 해나갈 것인가, 그것들을 어떻게 잡아낼 것인가 하는 문제입니다.

우리가 알고 있는 모든 좋은 디자인은 3차원에서 이루어지지 않습니다. 대부분 4차원 이상에서 수학적이 아니라 하더라도 수많은 점을 찍어나가는 4차원, 5차원에서 우리에게 보여줄 때는 3차원으로 보여줍니다. 모든 좋은 디자인은 거의 다 그렇게 되어 있습니다. 혁신이라고 하는 것, 많은 아이디어는 3차원에서 보이지 않는 것을 4차원에서 보고, 3차원적으로 해결해내는 것들입니다. 3차원에서 벗어나서 N차원까지 나아가지 못하면 3차원에서 해결할 수 있는 것들은 아무것도 없습니다. 그리고 거기에서는 시간이라는 것이 따르죠. 그 시간에는 여러 가지 시간이 있을 수 있습니다. KAIROS, PICKSARY의 시간, 변變의 시간, 역易의 시간이 있습니다. 이 외에 여러분이 가장 지배당하는 시간이 무엇이냐 하면 크로노스의 시간입니다.

크로노스는 그리스 신화에 나오는 제우스의 아버지이죠. 제우스의 아버지는 아들이 태어나면 태어나자마자 족족 잡아먹었습니다. 신들을 다 잡아먹고 나중에 제우스까지 잡아먹으려고 하다가 제우스가 아버지를 죽입니다. 그 아버지의 이름이 크로노스입니다. 크로노스의 시간과 카이로스의 시간이 가장 대비됩니다. 크로노스의 시간은 그냥 지나가는 시간입니다. 여러분 바쁠 때 시간이 더 빨리 지나가죠? 시계바늘처럼 지나가는 시간들, 여러분을 관통하면서 지나가는 시간들이 크로노스의 시간입니다. 크로노스의 시간은 여러분한테 아무 의미가 없습니다. 그냥 지나가는 시간이에요.

어떻게 하다 보니 두 시간이 지나고 세 시간이 지나고 시험 기간이 다가오고 공부는 안 했는데 죽겠다, 이런 것들이 크로노스의 시간입니다. 이 시간은 여러분을 다 잡아먹습니다. 전부 다 잡아먹습니다. 그런데 카이로스의 시간은 무엇이냐 하면 의미가 있는 시간입니다. 크로노스의 시간처럼 무자비하게 흘러가는 시간이 아니라 어느 날 학교 교정을 걷고 있는데 이성이 나한테 다가와서 고백을 했다, 그런 시간들. 그리고 우연히 멍청하게 앉아서 강의를 듣다가 어떤 생각이 온 겁니다. 그런 시간들. 그리고 부모, 형제에 대해서 뜬금없이 사랑이 샘솟는 시간들. 자기한테 의미가 있는 시간을 카이로스의 시간이라고 합니다.

카이로스의 시간은 여러분을 잡아먹지 않습니다. 생각을 오래 하고 시간이 오래 흘러도 여러분을 잡아먹지 않아요. 그런데 크로노스의 시간은 여러분을 다 잡아 먹습니다. 아주 두려운 존재입니다. 여러분이 매일 공포에 떨고 있는 것. 시간이 이렇게 무의미하게 지나가도 되나, 할 때 그 시간에 대해서 느끼는 공포. 이것이 바로 크로노스의 시간입니다. 대부분 다 크로노스의 시간에 시간이 먹히면서 살고 있습니다. 얼마나 아프겠습니까? 씹어 먹히니까.

그 시간 속에서 우리는 고통스럽습니다. 하지만 카이로스의 시간에서 카이로스의 시간을 만날 때 이것은 자신이 시간을 만드는 것입니다. 카이로스의 시간에서는 여러분이 그럴 필요가 없습니다. 그 시간은 정말 소중하고 황홀하기까지 한 시간입니다. 그 시간이 아무리 많이 흘러도 아무런 공포를 주지 않고, 아픔과 고통을 주지 않습니다. 여러분이 만들어 나가야 할 시간은 크로노스의 시간이 아닙니다. 시간을 계획하라. 짜라 하죠? 시간의 계획을 어떻게 압니까? 시간을 계획할 수 없습니다. 단지 카이로스의 시간을 어떻게 만날 것인가? 이 생각을 해야 합니다. 여러분이 하루 일과를 계획하는 것은 아무런 소용이 없습니다. 우리는 시간에 대해서 다 먹히게 되어있는 존재입니다. 그런데 먹히지 않는 시간이라는 것이 카이로스의 시간입니다.

이 시간은 어떻게 나타나느냐 하면 PICKSARY로 나타납니다. 전혀 계획된 것이 아닙니다. 우연에 의해서 생깁니다. 이 단어가 세계인의 주목을 받게 된 이유가 봉준호라는 영화감독 때문이었습니다. 카이로스의 시간은 여러분이 계획한다고 나오는 것이 아니라 PICKSARY에서 나옵니다. 그것이 變이고, 易입니다. 쉽게 변한다는 겁니다.

여기 계신 모든 분들이 시간을 판 사람들입니다. 시간을 판 대가로 이 자리에 앉아 계신 것일지도 모릅니다. 크로노스의 시간이라는 것이 이런 것입니다. 대가를 요구합니다. 대가를 요구하면서 우리를 잡아먹습니다. 『모모』라는 책에서 회색 신사들과 싸우는 가장 중요한 개념이 Picksary입니다. 우연에 의해서 일어나는 일들.

여러분은 크로노스의 시간에 집착하다 보면 바로 자기 옆에서 카이로스의 시간이 왔다, 그 순간이 온 것을 그냥 지나쳐 버립니다. 왜? 바쁘니까. 자기는 빨리 가서 해야 할 일이 있어요. 카이로스의 시간이 나타났을 때 그 시간과 대화를 해야 하는 겁니다. 그런데 그럴 수 있는 사람이 몇 되겠습니까? 바쁘니까 자기 일대로 자꾸 해야 하는 거죠. 그래서 우리는 Picksary를 우습게 보는 거죠. 그거 삑사리야, 삑사리 내지 마. 어떻게 보면 이 삑사리야말로 우리에게 가장 좋은 힌트가 될 수 있습니다. 크로노스의 시간을 엎어버릴 수 있는, 무지막지한 시간을 이길 수 있는 가장 중요한 순간이 될 수 있습니다. 그것을 Picksary로 정의해 본 겁니다.

크로노스의 시간은 다 잡아 먹습니다. 지금 먹히고 있는 사람이 여러분입니다. 카이로스의 시간은 항상 저울이나 평형추를 가지고 쉽게 날아가죠. 우스꽝스럽게 보입니다. 우스꽝스러운 모습으로 별것 아닌 것처럼 하찮아 보이게 나타나는 거죠.

시간의 변화, 아까 차원 이야기를 했었는데 그런 차원들은 4차원이라고 했죠? 3차원을 뛰어넘는 차원들, 그것은 이런 겁니다. 하이퍼큐브라는 것입니다. 안에 있는 큐브가 3차원 큐브에요. 4차원은 바깥에 하이퍼큐브로 나갑니다. 우리가 만약에 3차원에서 모서리에 서있다고 생각해 보세요. 모서리에서 뛰어내립니다. 건물이 5층 건물이라고 생각해봅시다. 떨어지면 어떻게 되죠? 죽어버리죠. 그런데 4차원에서 떨어지면 어떻게 됩니까? 차원이죠. 시간이 변하게 됩니다. 4차원에서 가면 떨어져서 죽는 것이 아니라 이쪽으로 올라가버리는 겁니다.

여기에서 3차원을 보면 어떻게 되요? 육면체의 모든 면들이 보이게 됩니다. 우리는 육면체에서 3개의 면 밖에 못 보지만 한 면이 더 보이는 거죠. 한 면이 더 보이는 게 바로 디자인이에요. 그 디자인을 3차원적으로 환원시킨다는 것이 이런 말입니다. 차원이 어떻게 늘어나는 것인가를 도식적으로 보여주기 위해서 만든 겁니다. 이게 바로 시간이 엮이고 뒤틀리고 늘어나고 연장되는 것이죠. 카이로스의 시간인 겁니다. 易의 핵심은 카이로스의 시간을 포착하는 거예요. 카이로스의 시간을 어떻게 포착하는가 하는 것들이 동양고전에서의 핵심인 거죠. 「천장지구」라는 영화가 있어요. 천은 시간의 형용사입니다. 하늘은 시간이고 땅은 공간입니다. 천은 원래 시간의 형용사로 이야기 되어야 합니다. 땅에는 공간의 형용사가 사용되어야 합니다. 그러면 천장지구가 아니라 천구지장 이렇게 되어야 하는 거죠.

이 두 개를 뫼비우스의 띠처럼 꼬아서 붙였습니다. 천장지구가 되는 겁니다. 시간과 공간이 얽히게 되는 거죠. 시간과 공간이 서로 얽히게 되면서 천장지구라는 4가지 단어로 엄청난 의미를 전달하고 있습니다. 시간과 공간이라는 것을 엮어서 다른 어떤 의미를 만들어 냅니다. 인식의 지평이라는 것을 확장시키는 겁니다.

허먼 멜빌의 단편소설 「필경사 바틀비」에서 재미있는 것이, 바틀비가 한 말 중에 "나는 그렇게 안 하고 싶습니다." 라는 말이 있습니다. I would prefer not to. 원래는 I would not prefer to가 맞죠. 하고 싶지 않습니다. 못 하겠습니다, 이렇게 돼야 하는데. 하고 싶기는 해요. 하고 싶은 것이 있어요. 그 하고 싶은 것이 안 하고 싶은 거예요. 부정으로 대답하는 것이 아니라 긍정으로 대답합니다.

문장의 구조, 크로노스의 시간에 항상 삑사리만 기대할 수는 없습니다. 삑사리는 항상 우리 옆에서 우연히 나타나고 우리는 그것을 알아볼 재주가 없습니다. 그것은 정말 행운이어야만 볼 수 있는데 여러분들이 일일이 그것을 다 볼 수는 없죠. 크로노스의 시간에 저항하기 위해서는 이러한 문법을 발견해내야 합니다. 천장지구와 같이 뫼비우스의 띠처럼 얽혀있는 것들, 그리고 필경사 바틀비에서 나타나는 문장과 같은 것을 발견하면서 크로노스의 시간과 싸워야 한다는 겁니다. 우리 앞에 무자비하게 지나가는 크로노스의 시간이라는 것과 대적하기 위해서 우리가 무엇을 발명할 수 있겠는가? 넋을 놓고 있을 수만은 없습니다. 삑사리만 기대할 수 없다는 것이죠.

노자의 천장지구와 필경사 바틀비에서의 문장들은 크로노스의 시간에 대적하기 위한 문법들인 거죠. '나 그렇게 안 하고 싶어.' 한국에서 유아들이 많이 쓰는 문법? 문장입니다. 낯선 문장이 아니에요. 그런데 영어 문장에서는 독특한 거죠. 카뮈의 「이방인」이라는 소설이 있어요. 이 소설이 서유럽을 강타한 게 무엇인가 하면, 그전까지 서유럽의 근대소설은 모든 것이 정확해야 했습니다. 어제는 무엇을 했고, 그전에는 무엇을 했고 이런 것들이 딱딱 맞아 떨어졌어야 했어요.

그런데 카뮈의 이방인에서는 자기가 무엇을 했는지 몰라요. 무슨 말을 했는지 모르고. 아마 동양에서는 특이한 일이 아닐 거예요. 그런데 서양에서는 그것이 굉장히 특이한 일이거든요. 그 이상한 일들이 서유럽의 근대적 정신, 이성을 깨버린 겁니다. 그러면서 근대라는 확고한 체계, 여러분 시간이 돈이다, 라는 말이 있죠? 그런데 시간은 돈이 아닙니다. 시간은 근대 이전에는 세계의 축에서 누워 있었어요. 그러면서 서유럽에서 근대라는 것이 만들어지면서 시간이라는 축이 생겨난 겁니다. 시간은 돈이고 시간을 잘 활용해야 된다는 것은 사실은 남근숭배의 일종이에요. 근대 이전에 땅과 같이 누워 있던 시간을 근대가 일으켜 세운 겁니다. 그리고 일으켜 세운 시간을 모든 사람들이 숭배하는 거죠. 이것을 숭배하면서 성실 근면하기를 바라는 겁니다.

'토끼와 거북이'의 우화처럼 거북이는 성실하게 달리기를 하고 토끼는 게으름을 피우다 졌다, 이러한 이야기들을 만들어 내는 거죠. '잠잠이(들쥐) 이야기', '개미와 베짱이 이야기', 개미와 베짱이에서 베짱이는 개미의 집을 돌아다니면서 구걸하지만 결국 죽습니다. 이것이 근대가 조장하는 시간의 남근숭배적인 세상이에요. 이렇게 일하지 않으면 너희는 다 죽는다. 하지만 잠잠이는 다른 세계관을 이야기하고 있어요. 잠잠이가 사는 세계에서는 그 누구도 잠잠이를 욕하지 않아요. 정말 좋은 것은 잠잠이는 일하지 않습니다. 일하지 않고 이야기를 모아요.

이야기를 모으는 것을 존중해 주는 사회가 있다는 것. 그것을 존중해 주는 사회가 잠잠이 이야기에서는 분명히 존재합니다.

그리고 자기의 식량이 떨어졌을 때 다른 사람을 찾아가서 나눠 달라고 요구를 할 수 있는 사회입니다. 굉장히 좋은 사회입니다. 개미와 베짱이 사회는 굉장히 나쁜 사회입니다. 우리가 4차 혁명이든 뭐든 간에 우리 사회는 개미와 베짱이 사회를 벗어나고 있어요. 무슨 이야기냐 하면 크로노스의 시간에서 점점 벗어나고 있다는 겁니다. 4차 혁명이 크로노스의 시간을 더 강화시킬지는 모르겠습니다. 하지만 우리는 적어도 정신적으로는 크로노스의 시간을 벗어나서 카이로스의 시간으로 진입하고 있다는 것은 분명합니다. 4차 산업이 어떻게 될지는 모르겠어요. 방해하게 될지 강화하게 될지는 모르겠지만 분명하게 우리가 알아가야 할 것은 '카이로스의 시간에서 나타나는 자신을 만나야 할 때이다.' 라는 것을 말하고 싶습니다.

이 현

저 넓은
곳으로

영남대학교 성악과 교수.
테너 성악가. 이탈리아 Osimo
Opera Academia 졸업. L.
Volpi, B. Gigli 등 국제 성악
콩쿠르에서 다수 입상했다. 중
앙일보 문화인물 클래식 부문
에 선정되기도 하였다.

예술, 융합, 창조라고 하는 것은 주어진 틀 안에서 이루어지는 것이 아닙니다. 톱니바퀴가 돌아갈 때는 반드시 빈틈이 있습니다. 그 빈틈 속에서 창조가 만들어지고 예술 작품이 만들어집니다.

안녕하세요. 오늘 멋진 스무 살의 인문학. 인문학 말만 들어도 가슴이 두근거리는데 여기에 플러스 '스무 살'이라고 하니까 심쿵입니다. 오늘 여러분과 한 시간 반 동안 할 이야기는 요리의 인문학입니다. 요리를 가지고 어떻게 인문학을 이야기할까? 여러분이 궁금해하실지는 모르겠어요. 여러분에게 요리와 함께 이야기를 해보겠습니다.

저는 오페라 기획을 하면서 모든 예산을 다 오픈합니다. 그래서 얼마가 들었고 가수익이 얼마가 돌아가고 이런 것들을 다 오픈합니다. 오늘 저는 얼마 받을 것 같아요? 50만 원? 70만 원? 100만 원? 저 밖에 나가면 100만 원 받습니다. 오늘은 20만 원 받습니다. 저는 오늘 20만 원을 받고 100만 원어치의 가치 있는 수업으로 여러분에게 돌려드리도록 하겠습니다.

여러분 레스토랑을 가면 메뉴판을 많이 보잖아요. 메뉴판 가져다주세요, 하잖아요. 고급 레스토랑에 가면 메뉴판이 없어요. 자리에 앉으면 셰프가 오늘 준비한 요리를 가져다줍니다. 이것이 고급 레스토랑의 요즘 추세입니다.

여러분은 오늘 제가 무엇을 하는지 모릅니다. 요리의 인문학이라고 했는데 무슨 요리가 나오는지 모릅니다. 그리고 제가 무슨 이야기를 할지도 모릅니다. 그것은 여러분의 반응에 달려있습니다. 그렇기 때문에 여러분은 고급 레스토랑 이상의 고급 수업에 참여하고 계십니다.

저는 무라카미 하루키 책을 많이 읽진 않지만 좋아합니다. 그분은 요리도 하시고 음악을 사랑하고 음악에 대한 이야기를 많이 하고 있습니다. 그분이 쓴 책 중에 『색채가 없는 다자키 쓰쿠루와 그가 순례를 떠난 해』라는 책을 여러분도 많이 보셨을 겁니다.

그 책에 어떤 사람의 예화가 나옵니다. 미도리 카와라는 재즈 피아니스트가 나옵니다. 이 사람이 하루는 온천 여행을 떠납니다. 그래서 그 온천에 가서 '하이다'라는 한 청년을 만나요. 이 청년에게 이야기합니다. 혹시 이 동네에 피아노 있는 곳을 안내해줄 수 있나요? 그래서 그 청년은 "산을 넘어가다 보면 작은 중학교가 있는데 피아노가 있긴 하지만 쓸 수 있을지는 모르겠네요." 이렇게 답을 하고 함께 시골 중학교로 떠납니다. 그 중학교에 아주 낡은 업라이트 피아노가 한 대 있습니다. 미도리 카와가 단 한 사람의 관객 하이다를 앞에 두고 연주를 합니다.

또 다른 예화 하나를 들어보겠습니다. 백아절현伯牙絶絃이라고 하는 보살 이야기입니다. 여러분 잘 아시죠? 우정을 이야기하고 있는 예화로 많이 사용되기도 합니다. 춘추전국시대에 진나라 사람으로 초나라에 와서 벼슬을 하고 있었던 유백아라는 사람인데 거문고의 달인입니다. 이분이 천하를 두루 연주 여행을 다닙니다. 하루는 비가 내려서 언덕 밑에 비를 피하면서 그곳에서 거문고를 연주하기 시작합니다. 한참을 몰입하는데 선율의 음이 이상해집니다. 연주를 멈추면서 누가 감히 내 연주를 엿듣고 있는 건가? 그때 저 먼 언덕에서 시골 노인이 고개를 내밀기 시작합니다. 선생님 죄송합니다. 음악이 너무 좋아서 제가 감히 선생님 앞에 얼굴을 내밀고 들을 수가 없었습니다. 이렇게 이야기합니다. 우정의 이야기이지만 저는 이것을 연주가와 관객의 입장에서 생각해 보았습니다. 연주자가 관객을 의식하지 않고 자신의 연주에 몰입할 때 예화에서 보듯이 나무꾼의 마음도 움직일 수 있었습니다. 나무꾼의 입장에서 보면 연주자의 예술혼과 소통하고 교감할 때에 연주자의 미세한 움직임에 영향을 줄 수 있다는 것입니다. 그렇기 때문에 관객이 되어서 객석에 앉아있다는 것은 단순히 연주를 듣는 수혜자로서 끝나는 것이 아니라 연주자와 함께 둘만의 연주를 완성해 가고 있다는 것입니다.

바로 여러분이 저와 함께 예술 행위에 동참하고 있다는 겁니다. 바로 여러분이 단순한 관객이 아닌 아티스트가 되는 겁니다. 그래서 저는 처음에 이런 혼란이 있었어요. 학생들을 데리고 수

강생으로 볼 것인가? 관객으로 볼 것인가? 저는 여러분을 저의 소중한 관객으로 생각하고 싶습니다. 그리고 연주자와 관객의 소통 방법은 바로 박수입니다.

영화 「여인의 향기」에 나왔던 장면입니다. 퇴역 군인이 시력을 잃게 되고 그러면서 마지막 자살 여행을 떠납니다. 그때 나오는 곡이 「Por Una Cabeza」로 간발의 차이로 인생이 바뀐다는 내용입니다. 탱고 음악이죠. 탱고 음악은 3분 안에 만나서 정열적으로 사랑하고 3분 후에는 언제 만났느냐는 듯이 헤어지게 되는 인생의 모습을 보게 됩니다.

인생은 만남과 헤어짐의 반복이지만 얼마나 멋있게 만나고 멋있게 헤어지고 또다시 얼마나 멋있게 만나느냐? 그냥 단순히 스치는 관계가 아니고 그 만남과 헤어짐 속에서 여러분들의 삶이 더욱더 풍성해졌으면 좋겠습니다.

Volare라는 노래가 생각이 나네요. 볼라레라고 하는 말은 날다, 라는 뜻입니다. 이 속에는 또 칸타레라는 말이 나옵니다. 칸타레는 노래하다, 라는 뜻입니다. 저는 제 소개를 할때 만자레 칸타레 아모레라고 씁니다. 만자레는 먹다, 칸타레는 노래하다, 아모레는 사랑하다는 뜻입니다. 먹고 노래하고 사랑하다 라는 뜻입니다.

'부르스케타' 라는 메뉴가 있습니다. 바질페스토를 가지고 올리브유에 치즈와 함께 넣어서 페스토를 만들어서 바게트에 올리는 겁니다. 바게트를 가지고 후라이팬에 구워서 마늘을 그 위에 갈아보세요. 그러면 바로 마늘바게트가 됩니다. 정말 맛있는 마늘바게트가 됩니다.

본격적으로 음식 이야기를 해보겠습니다. 우리는 지금까지 일제강점기, 6.25전쟁, 산업화를 겪으면서 음식이라는 생각을 할 수가 없었습니다. 그저 보리밥 한 덩이, 주먹밥 한 덩이 먹고, 일하고. 된장국에 밥 한 그릇 먹고 일하고. 그저 먹기만을 위해서 먹는 것에만 익숙해져 있었습니다.

그런데 지금은 음식의 문화가 많이 바뀌고 있죠. 음식미학의 가장 최고봉인 브리야 사바랭이 쓴 『미식 예찬』에 이런 이야기가 나옵니다. 짐승은 삼키고 인간은 먹고 지혜로운 사람은 음미한다. 그리고 또 네가 무엇을 먹는지 얘기해 보라. 네가 무슨 일을 하는지 얘기해주겠다. 이 말은 곧 무엇을 먹고 무엇을 마시느냐에 따라 그 사람의 삶의 질이 나타난다는 이야기입니다. 삶의 질뿐만 아니라 어떤 생각을 가지고 어떤 마음으로 살아가야 하는지, 그 마음에 따라 내가 먹고 싶은 음식을 먹게 되는 것이기 때문에, 비싼 음식을 먹는다기보다는 작은 음식 하나라도 쌀 한 톨이라도 그 쌀이 가지고 있는 의미를 생각하면서 먹는 사람이 지혜로운 사람이라고 얘기하고 있습니다.

우리는 이제 밥집에서 무언가의 프랜차이즈로 갔다가 이제는 SNS 핫플레이스를 통해서 내가 맛있는 집을 찾는 것이 아니라 남이 맛있다는 집을 찾아요. 그러면서 하는 이야기가 뭔지 아세요? 아, 뭐야 이거.

그럴 필요가 없습니다. 우리는 내가 아닌, 남의 소리에 너무 많이 귀를 기울이는 것 같아요. 세상에서 가장 맛있는 음식이 뭔지 아십니까? 여러분이 지금까지 살아오면서 가장 맛있었던 음식은 무엇입니까? 가장 행복했던 음식은 무엇입니까? 유명 레스토랑을 찾고 계십니까? 이 세상에서 가장 맛있는 음식은 어머니가 만들어 준 음식입니다. 어머니가 만들어 준 음식만큼 맛있는 음식은 없어요. 그렇잖아요? 그 어머니의 음식이 화려했습니까? 어머니가 차려주신 밥 한 그릇. 그 속에 정, 사랑이 담겨져 있기 때문입니다. 그런데 레스토랑은 뭐죠? 돈이 담겨있죠. 손님이 오로지 돈으로만 보이는 거죠.

그런데 대구의 음식은 어떤가요? 맵고 짜다? 일반적인 이야기들을 하고 있습니다. 언제부턴가 우리의 음식이 문화의 정체성을 상실하고 유입되어진 외국 음식들에 익숙해져 있습니다. 퓨전이라는 이름으로 다시 정신없이 먹는 시대로 돌아가고 있습니다. 그리고 요리 프로들 많이 있잖아요. 먹방 프로들. 너무너무 오락으로 치우치고 있지 않나 생각해 봅니다. 제가 퀴즈 하나를 내보겠습니다. 기본적인 맛의 종류에는 어떤 것들이 있나요? 같이 해보겠습니다. 짜다, 달다, 쓰다, 시다, 맵다는 통증입니다. 여기서 퀴즈. 제 5의 맛이 무엇입니까? 감칠맛. 영어로? MSG? 우아

미라고 합니다. 그 이후에 감칠맛이 나오게 됐고.

저는 이탈리아에서 유학을 했습니다. 파스타가 너무너무 먹고 싶습니다. 저는 파스타 생각이 너무 간절했고 이탈리아인 할머니와 같이 살았었거든요. 그래서 할머니가 해주시는 파스타를 집밥으로 먹고 살았습니다. 그러다 보니 같이 요리도 하게 되고. 우리가 잡곡밥, 보리밥, 쌀밥, 곤드레밥 등 많은 밥들이 있는 것처럼 파스타에도 정말 종류가 많습니다. 이탈리아 파스타는 모양에 따라서 이름이 달라집니다. 몇 가지 종류가 있을까요? 600여 가지가 현재 시판되고 있습니다. 매년 파스타 어워드가 열립니다. 매년 연말이 되면 멋진 파스타를 만들어낸 장인들에게 시상을 하는 행사도 있습니다. 파스타를 보면 이탈리아 사람들의 예술적인 감수성이 그대로 드러나 있습니다.

여러 가지 파스타들이 있는데 아까 얘기 한 부르스케타는 안티파스타로 불려지고 프리모 피아토라고 해서 파스타들을 가지고 요리를 제공하게 됩니다. 프리모 파스타를 여러분들에게 소개하고 싶은데요. 피타고라스학파에 다몬이라는 사람이 음악의 정의를 이렇게 내렸습니다. 음악은 신비한 수의 수레바퀴가 굴러가는 소리가 날아와서 우리의 귀에 들리는 것이다, 라고 이야기했습니다.

이 중에서 단어에 집중해주세요. 음악이라는 것은 첫 번째 우주. 우주의 신비한 수의 수레바퀴가 굴러가는 소리가 날아와서 우리 귀에 울리는 것이다. 이 네 가지가 무엇이냐 하면 우주이기 때문에 별입니다. 그리고 수레바퀴. 세 번째 나비. 네 번째 귀에 들리는 것, 귓불이라는 뜻입니다. 그래서 별과 수레바퀴, 나비와 귓불을 가지고 파스타를 만들었습니다. 이것을 바로 뮤직 인 파스타. 세상에 하나밖에 없어요. 음악이라고 하는 파스타. 그래서 제가 스무 명에게 음악이라는 파스타를 드릴 겁니다.

우리가 맛이 없는 음식이라고 할지라도 보잘것없는 음식이라고 할지라도 이 음식이 내 몸에 들어가서 내 몸을 유익하게 할 것인데 얼마나 감사합니까? 여러분 핀으로 하나 꽂아서 내 입으로 들어갑니다. 생각을 해보세요. 별, 어떤 생각을 하시든지 좋습니다. 수레바퀴 덜컹덜컹. 나비, 나비축제? 음미해보세요. 골라보세요. 골라먹으면서 음미해보세요. 그러면 분명 세상에서 가장 맛이 없는 음식일지라도 나에게 소중한 음식이 될 겁니다. 제가 여러분에게 파스타를 전달해드리도록 하겠습니다.

여러분 레스토랑에 가시면 당황스러울 때가 많습니다. 뷔페식당이나 결혼식 뷔페에 가서 앞에 보면 엄청나게 많죠. 많은데 좌빵, 우 물. 좌측에 있는 빵이 내 것이고 우측에 있는 물이 제 것입니다. 기억하세요. 기본 상식입니다. 식사 포크 뭐 쓰지? 당황하지 마세요. 나오는 대로 바깥쪽 것부터 쓰시면 됩니다. 바깥쪽에 샐러드를 먹을 수 있는 포크. 그 다음에는 파스타를 먹기 위한 포크. 그 다음은 스테이크 칼. 그리고 마지막 디저트를 먹을 수 있는 칼. 순서가 이렇게 되어 있습니다.

포크는 날이 몇 개인가요? 일반적으로 네 개입니다. 왜 네 개일까요? 왜 세 개를 안 썼을까요? 마녀 사냥할 때 무엇으로 죽였죠? 삼지창으로 죽였죠? 그래서 세 개를 안 만들고 네 개를 만들었습니다.

이렇게 식사를 하고 나중에 한 가지가 더 나오죠. 치즈가 있습니다. 치즈를 앞에 내는 경우도 있고 나중에 내는 경우도 있습니다. 이 치즈는 블루치즈라고 해서 고르곤졸라 '섹시한 치즈'라고 합니다. 이 치즈에 대한 유래가 있습니다.

한 청년이 치즈를 만들다가 한 여자를 봤어요. 여자가 지나가는데 남자가 여자를 따라갑니다. 그러다가 하룻밤이 지났어요. 그랬는데 남자가 어제 만들고 있던 치즈 공방에 들어갔더니 곰팡이가 난 거예요. 그런데 맛을 보니 괜찮은 겁니다. 그렇게 해서 만들어진 치즈가 고르곤졸라 치즈입니다. 그래서 사랑 때문에 만들어진 치즈라 해서 섹시한 치즈라는 이름이 붙었는데요. 그것보다도 블루치즈에는 꼭 한 가지 곁들여 먹는 것이 있습니다. 무엇일까요? 꿀. 그렇죠. 왜 꿀을 먹을까요? 달달하라고. 그럼 왜 달콤하게 먹을까요? 꿀은 이 세상 음식 중에서 절대 변하지 않습니다. 상하지 않는 음식입니다. 두 사람의 사랑이 영원하라고 이 치즈에 꿀을 더하는 겁니다.

꿀에는 뒤따르는 것이 있습니다. 벌들.

여러분은 오늘 제가 음식 이야기를 하는지 음악 이야기를 하는지 철학 이야기를 하는지 도대체 모르셨을 겁니다. 그런데 분명히 그 속에는 무언가 생각하는 것들이 남아있을 겁니다. 그래서 예술이라고 하는 것은, 융합이라고 하는 것은, 창조라고 하는 것은, 주어진 틀 안에서 이루어지는 것이 절대 아닙니다. 비어 있는 틈에서 생겨나는 것이 창조입니다. 톱니바퀴가 돌아갈 때 정확하게 맞는다고 해서 톱니바퀴가 돌아갑니까? 톱니바퀴가 돌아갈 때는 반드시 빈틈이 있습니다. 그 틈 속에서 창조가 만들어지고 예술 작품이 만들어집니다. 오늘 수업은 그런 의미를 여러분에게 전달해주고 싶었습니다. 그래서 음악도 단순히 듣는 시대에서 온몸으로 느끼는 시대가 되었습니다.

김홍도 화가가 그린 「소림명월도」를 보면 여러분은 어떤 느낌이 옵니까? 달이 나무 뒤에 숨어서 몰래 내다보는 것 같지 않으세요? 여러분들은 이 그림과 어울릴 음악은 어떤 것 같습니까?

피아노 연주로 베토벤의 「월광」과 드뷔시 「달빛」을 들으면서 이 그림을 보면 서양의 음악과 동양의 그림이 만났을 때 전혀 어색하지 않다는 것을 느낄 수 있을 겁니다. 인간의 삶 속에서 동양이면 어떻고 서양이면 어떻습니까? 동양의 정신이 우세합니까? 서양의 현실주의적인 삶이 우위입니까? 그런 것은 아무 의미가 없습니다.

에릭 휘태커라는 사람이 전 세계의 2천 명의 유저들에게 악보를 나눠주고, 유저들은 각 파트별로 자기의 목소리를 녹화해서 에릭 휘태커에게 보냅니다. 에릭 휘태커는 영상을 다 모아서 하나의 작품으로 완성을 시켰습니다. 『대학』에는 이런 말이 있습니다. 마음에 있지 아니하면 보아도 보지 못하고 들어도 듣지 못하고 먹어도 그 맛을 모른다, 했습니다. 모든 것이 마음입니다. 보이는 것이 다가 아닙니다. 이제 여러분과 함께 지금까지 제가 진행해왔던 떠들썩하고 유머스럽고 웃기고 했던 이 모든 것들을 지워버리겠습니다. 이제 여러분에게 제가 처음에 이야기했듯이 한 사람의 연주자가 될 것입니다. 이다음 음악은 여러분이 연주를 하셔야 합니다.

저는 여기서 마무리를 해야 합니다. 마이너스 273도. 절대온도라고 합니다. 273도를 분 단위로 나눠서 이렇게 음악으로 완성을 했습니다. 이 순간에 여러분들의 기침소리, 숨소리, 펜 굴리는 소리 등 여러 가지 지금까지 듣지 못했던 소리를 들었을 겁니다. 음악은 결코 귀로만 듣는 것이 아니기 때문이죠.

영화 「아웃 오브 아프리카」의 영상은 케냐의 평원을 중심으로 영상에 담은 겁니다.

음악은 정답이 없습니다. 그저 내가 마음으로 느끼기만 하면 됩니다. 그 음악이 아무리 기쁜 음악이라고 할지라도 내가 슬프면 슬픈 것이고, 그 음악이 아무리 슬픈 음악이라고 할지라도 내가 기쁘면 기쁜 것입니다. 그렇기 때문에 어떤 음악을 듣느냐에 따라서 그 나라의 장래, 그 나라의 운명이 결정된다고 플라톤이 이야기했습니다. 오늘 우리는 무슨 음악을 듣고 있나요? 우리가 듣는 음악은 어떤 것들인가요? 여러분이 듣는 음악이 여러분의 미래가 될 것이고 여러분 나라의 운명을 좌우한다고 이야기하면 너무 거창한가요? 그러나 단순함 속에서, 단순한 진리 속에서 우리는 살아가는데도 불구하고 그것을 너무 경시하였습니다. 여러분이 듣는 음악, 클래식, 대중음악이 새롭게 여러분에게 다가갔으면 좋겠습니다. 저는 시간이 됐기 때문에 이만 물러가겠습니다.

박 철 홍

나답게
산다는 것

영남대학교 교육학과 교수. 미국 뉴욕 주립대에서 교육철학을 전공했다. 『학교가 무너지면 미래는 없다』, 『도덕성 회복과 교육』, 『예언자』 등을 저술하거나 번역하는 등 창의적인 교육의 방향에 대해 고민하고 있다.

내가 누구인가를 안다고 해서 꼭 잘 산다는 것은 아닐지 모릅니다. 하지만 잘 살려고 하는 사람은 내가 누구인지를 알아야 하고 내가 어떤 삶을 살아 나가는 것이 바람직한 삶인지 알아야 합니다.

제가 지금까지 공부를 하면서, 여러 가지 공부를 했지만 '내가 누구인가?' 라는 질문이 항상 저에게 문제가 되는 것 같습니다. 그런 문제 때문에 인간은 어쩔 수 없이 인문학적 공부를 할 수밖에 없다는 생각을 가지고 있습니다. 그런 문제에 대해 여러분과 같이 생각을 나누는 시간을 가지도록 하겠습니다.

　오늘 주요 내용은 첫째, '나는 누구인가?' 하는 질문을 이 시간을 통해서 진지하게 생각하는 시간을 가졌으면 좋겠다는 생각을 하고 있습니다. 둘째, 우리는 지금 공부를 하고 있으니까, 현재 우리가 하는 공부가 내가 누구인가를 아는 데 어떤 도움을 주는가? 또 그런 공부를 해왔는가 하는 문제를 한번쯤 반성해봤으면 좋겠습니다. 그렇게 했을 때 걸림돌이 한 가지가 있습니다. 중요한 문제가 지식을 생각하는 우리의 자세라고 생각을 합니다. 세 번째, 의미로서 지식과 공부라는 문제를 생각해보겠습니다. 이것으로 공부라는 것은 인문학적 정신을 추구하는 것이라는 이야기로 막을 내리도록 하겠습니다.

제가 이번 학기에 한 학부 강의가 세 개입니다만 그중에 여러분께 보여주는 것은 대학교육의 의미와 대학생의 공부법입니다. 도대체 대학교육은 무엇을 하는 곳이며, 그곳에서 대학생들은 어떤 공부를 해야 하는가 하는 문제를 다루는 강의입니다. 이 교양 강의를 만들 때 제 생각이 대학생들에게 매우 중요한 게 대학교육의 의미를 아는 것이고, 대학교육의 의미에 맞게 공부를 하는 것인데, 의외로 대학생들이 대학교육의 의미도 모르고, 대학생이 어떻게 공부해야 하는지도 잘 모르고 있습니다. 제 강의를 들으면 학생들이 처음에는 당황하고, 굉장히 혼란스러워합니다. 그리고 제가 도대체 말도 안 되는 소리만 한다고 하다가, 3주가 지나면 서서히 변하고, 중간고사쯤 되면 전부 다 인정하게 됩니다.

지금까지 제가 만난 대학생 중에 도대체 공부가 무엇인지를 아는 학생을 만나보지 못했습니다. 이 말은 여러분을 대상으로만 하는 말은 아닙니다. 서울대학교 강의를 했으니 서울대 학생 포함, 그리고 저도 서울대를 다녔으니 저를 포함해서 제대로 공부가 무엇인지를 아는 학생을 만나 본 적이 없습니다.

물론 예외는 있을 것이라고 생각합니다. 더 중요하게는 읽을 줄도 모르고, 말할 줄도 모르고, 들을 줄도 모르고, 글 쓰는 줄도 모른다, 라고 말을 합니다. 그래서 "이번 학기는 읽는 법, 말하는 법, 듣는 법, 글 쓰는 법을 가르쳐 줄 테고 그 과정에서 공부가 무엇이며 어떻게 공부하는 것인지를 하나하나 몸소 체험하게 될 것이다."라는 말을 합니다.

여기에 계신 모든 분들도 저게 무슨 헛소리인가 싶을 것 아닙니까? 제가 좋아하는 용어로 피똥 싸게 공부해서 대학에 들어왔는데, 공부한 적이 없다니, 우리가 12년+알파 년 동안 한 게 공부가 아니라면 무엇이란 말인가. 이런 질문을 학생들은 교수님의 카리스마에 눌려서 말을 제대로 못 하고 웅성거립니다. 그런데 그때부터 제가 예언을 합니다. 3주쯤 지나면, 중간고사가 지나면 스스로 나는 읽을 줄도 모르고, 말할 줄도 모르고, 들을 줄도 모르고, 글 쓰는 건 더욱더 못하는 것을 인정하게 될 것이다. 제가 이 예언을 그냥 하는 것이 아니라 여러 번 강의를 해본 경험을 바탕으로 예언을 합니다. 그리고 사실 예언대로 학생들은 이것을 인정하게 됩니다. 여러분은 어떠신가요? 읽을 줄 압니까? 말할 줄 압니까? 사람의 말을 제대로 들을 줄 압니까? 그리고 글을 쓸 줄 압니까? 이 네 가지는 국어 교육의 가장 기본입니다. 하지만 학생들은 12년+알파를 공부했지만 이 문제를 깨닫지 못합니다.

가장 기본적인 것입니다. 사실 사람과 산다는 것은 말하고 듣고, 종종 책을 읽고, 종종 글을 쓰면서 살아갑니다. 그리고 글을 매일 쓰지 않는다고 하더라도 우리는 말하고 듣는 사이에 우리가 생각한 것을 표현합니다. 직접 쓰지 않는다 하더라도 매일 글을 쓰는 것과 마찬가지라고 말할 수 있습니다. 그런 점에서 공부를 하는 문제는 이런 일들을 하는 것이고, 이런 일들을 하는 가운데 어떻게 공부하면 나를 발견하게 되는데, 어떻게 공부하면 전혀 나를 발견하지 못하게 됩니다.

저는 가끔 신이 인간을 창조했다면 조금 엉성하게 창조했다고 생각할 때가 많습니다. 그중에 하나가 눈을 가제트형 눈으로 만들었으면 어땠을까 생각합니다. 가제트형 눈처럼 눈이 튀어나오게 했다면 어땠을까. 하지만 그렇지 않고 붙박여 있습니다. 우리의 눈이 붙박여 있기 때문에 밖을 보지만 나를 보지는 못합니다. 물론 거울이 있어서 외모를 보기는 합니다만, 기본적으로 눈이 밖을 향해 있기 때문에 밖은 매일 보지만 자신의 얼굴을 쳐다보지는 못합니다. A라는 학생에게 당신이 누군지 아십니까, 라고 물었을 때 모르겠습니다, 라는 말을 했는데 아는 게 굉장히 많습니다. 그런데 전부 다 밖을 향한 것만 알지 안을 향한 것은 정작 알지 못합니다.

만약 우리의 눈이 가제트형 눈이었다면 우리는 밖을 보는 동시에 나를 쳐다보면서 '나는 누구인가. 어떤 사람인가?' 라는 생각을 좀 더 자주 하지 않았을까 생각합니다. 그렇게 되었다면 우리의 삶은 좀 더 풍요롭지 않았을까, 라는 생각을 해봅니다. 내가 누군지를 아는 것이 현재로서 제한된 삶을 살고 있는 우리의 여건을 넘어서서 우리의 삶을 보다 신에 가깝게 하고, 그것이 좋은 방법이라고 하면 신과 같이 풍요로운 삶을 살 수 있는 길일지도 모릅니다. 이 생각은 저만 생각한 것이 아니라 역사상 수많은 사람들이 그럴 것입니다. 심지어는 그렇다고 해온 바입니다. 성경에도 천하를 얻고도 나 자신을 잃는다면 무슨 소용이 있겠느냐, 오늘날로 바꿔 말하면 아무리 엄청난 지식을 얻는다 하더라도 나를 모른다면 그 지식이 무슨 소용이 있겠느냐 하는 말로 바꿔 말할 수 있을 것입니다.

혹시 나는 누구인가 하는 이런 생각을 가질지는 모르겠습니다만, 과거 전통적 심리학의 영향으로 이런 생각을 갖는 사람들이 많은데 내가 고정되어 있다는 생각을 갖는 것 같습니다.

그래서 고정되어 있는 나, 또는 안에 있는 내가 누구인가를 밝히고 그에 맞게 살아야 된다는 생각들을 굉장히 많이 갖는 것 같습니다. 중학교 도덕 교과에 '자아정체감', '자아실현' 이라는 단어가 등장합니다. 자아실현은 한동안 교육의 목적으로 유행한 적이 있고 가장 풍요로운 삶을 사는 한 가지 방법으로 제시되기도 했습니다. 저는 자아실현이라는 말은 없다, 사기다, 라고 보는 입장입니다. 자아실현이라는 말은 자아가 있고 그 자아를 삶을 통해서 밖으로 실현시켜야 한다는 것입니다. 그때에 우리가 제기할 수 있는 질문은 과연 '우리에게 자아라는 것이 있는가?' 라는 것입니다. 이것을 학술적으로는 여러 가지 방법으로 설명할 수 있을 텐데, 한 가지 질문으로 생각해 보도록 하겠습니다.

여러분이 다섯 살 때 '내가 누구다.' 라는 생각을 전혀 안 해보지는 않았을 것입니다. 이렇게 사는 것이 옳다, 바람직하다, 이런 것을 좋아한다 등등, 이 모든 것들을 합쳐놓은 게 자아라고 한다면 다섯 살 때도 자아가 있었을 것입니다. 시간이 지나고서도 자아라는 것이 있었을 것입니다. 제가 아이를 키우면서 느낀 바에 의하면 아이가 다섯 살, 여섯 살쯤 되면 우체부, 소방관, 그리고 매우 현실적으로는 가게 아저씨가 되고 싶어 합니다. 그러다 열 살쯤 되면서 「딥임팩트」라는 영화를 보더니 천문학자가 되고 싶다, 우주비행사가 되고 싶다, 지구를 향해서 날아오는 행성을 부수고, 지구인 전부를 살리고 싶은 생각, 해일이 일어나는 것을 막고 영웅이 되고 싶다는 생각을 했습니다.

저 또한 열 살쯤 에디슨 같은 발명가가 되고 싶다는 생각을 했던 것 같습니다. 그러다가 중학생이 되면 전혀 다른 생각들을 가지게 됩니다. 그리고 고등학생이 되면 중학생 때와는 다른 생각을 가지게 됩니다. 그리고 지금은 어떻습니까? 여러분이 어려서부터 어떤 사람이 되고 싶다, 어떤 삶을 살고 싶다고 했던 생각과 그로부터 변해온 생각을 가만히 추적해보면, 우리에게 고정된 자아가 있다는 것은 그렇게 타당한 생각 같지가 않습니다. 그렇다고 하면 이렇게 생각할 수 있습니다. 자아는 있는 자아를 실현하는 것이 아니라 끊임없이 자아를 탐구해 가고 있다. 여러분은 지금까지 살아오면서 자아가 변했습니다. 원래 고정된 자아가 있지 않습니다.

그리고 여러분 한 사람, 한 사람은 지금부터 이 세상을 어떻게 엮어 나가느냐에 따라서, 세상을 엮어 나가는 방법을 한마디로 저는 공부라고 합니다. 그래서 어떻게 공부하느냐에 따라서 전혀 생각지도 못했던 사람으로 변화할 수 있습니다. 이 변화는 좋은 방향으로의 변화가 있을 수 있고, 나쁜 방향으로의 변화도 있을 수 있습니다만, 열심히 공부한다고 하면 여러분들이 생각했던 것과는 전혀 다른 종류의 삶을 살게 될 가능성이 있고 전혀 예상치 못한 놀라운 변화도 가능하리라고 생각합니다.

제가 아는 사람들 중에도 이런 사람들이 많습니다. 제 친구 중에 한 사람이 서울대 문리대 물리학과에 들어갔습니다. 이 친구는 석사, 유학을 갔다 왔지만 새로 신학 공부를 해서 지금은 목사의 삶을 살고 있습니다. 이러한 예는 인생에 널려 있습니다. 사람은 직선적으로만 살아간다고 생각하는데 여러 가지 경로를 거치면서 자기에게 적합한 삶을 살아가는 과정을 누구나 다 겪고 있다고 봐야 하고, 이 문제가 가장 절정에 달하는 시기가 대학생 때가 아닌가 생각합니다. 대학생쯤 되면 진로가 완전히 결정되어 있어야 하고 그 진로에 따라 먹고 살 직장을 구해야 하는데 아직까지 전부 다 불확실하다는 겁니다. 어떻게 보면 불확실이라는 것은 여러분이 혼란에 있다고 볼 수 있지만, 발전할 잠재가능성을 의미하기도 합니다. 그러면 잠재가능성을 찾는 방법은 어디에서 찾을 것이냐? 다른 여러 가지가 있을지도 모르지만 제가 제시할 수 있는 대답은 결국 공부하는 것입니다. 그런데 우리의 공부에는 문제가 굉장히 많습니다. 여러분이 지금까지 해온 공부가 그렇듯이 정답이 있다는 생각, 진리가 있다는 생각에 얽매여서, 그리고 현재 우리가 보는 시험과, 시험의 성적을 얻기 위한 우리의 마음이 하나가 되어서 모든 것을 암기하는 데로 모여지고 있습니다. 초등학교부터 대학교까지 암기하는 공부를 하다 보면, 내가 누구인가를 탐구할 기회를 전혀 갖지 못합니다. 그리고 그 지식들은 내 삶과는 아무런 관련이 없는 지식이 되어버리고 맙니다.

이렇게 생각해봅시다. 머리를 자르고, 옷을 샀는데 전부 똑같은 머리와 똑같은 옷을 입고 있다고 생각해 보면 어떻겠습니까? 한마디로 엿같다고 볼 수 있습니다. 이 같은 일을 공부가 하고 있습니다. 교육이라는 이름으로, 여러분 모두가 똑같은 생각을 머릿속에 집어넣도록 강요하고 있습니다. 시험을 통해서 말이죠. 시험 점수를 잘 맞아야 잘 먹고 잘 살 수 있다고 협박하면서 말입니다. '잘 먹고 잘 살아야지' 라는 생각이 크면 클수록 시험 공부를 열심히 하게 되어있고, 그럴수록 나의 지식은 없고, 남들이 마련해 놓은 지식의 찌꺼기를 머릿속에 넣으면서 대단한 것처럼 생각하는 착각에 빠지게 됩니다. 이런 지식을 많이 아는 사람은 똑똑한 사람이라고 평가하고, 그렇지 않은 사람은 IQ도 낮고 똑똑하지 않은 사람으로 평가하고 있습니다. 제가 생각하기에 이러한 평가는 완전히 코미디라고 생각합니다. 현재 한국에 이루어지는 교육은 완전히 코미디입니다. 이러한 지식들이 여러분들한테 과연 무슨 의미가 있습니까? 어떤 힘이 있습니까? 여러분의 삶에 어떤 도움을 줍니까? 공부해서 시험을 보고 나면 대부분 다 잊어버린다는 것이 그 증거입니다. 여러분의 삶과 관련이 없는 쓸데없는 쓰레기 같은 지식입니다.

그래서 저는 강의시간에 직접 말합니다. 여러분의 머리는 쓰레기로 가득 차 있다. 쓰레기로 가득 차 있어서 진짜 공부를 하려면 유연하게 사고를 해야 하는데, 쓰레기에 가로막히고 쓰레기 더미에 짓눌려서 유연한 사고를 하지 못한다고 말을 합니다.

제가 한국 교육의 문제를 예로 들 때 드는 예입니다. '참 쉽죠~형' 교육이 지금 한국 사회를 지배하고 있습니다. 적당히 설명해주고 학생들은 알아들었다고 생각하고, 학생들도 중요한 몇 개의 문장을 받아쓰고, 그것을 외우면 된다고 생각합니다. 이렇게 외우면 되는 공부에 대해 우리는 착각을 하고 있습니다. 그런 지식을 머릿속에 계속 집어넣고 그 말을 반복할 수 있으면 안다고 생각합니다. 정작 아무것도 모르는데 말입니다. 제가 학생들로부터 과제를 받아보면 대학 내에서도 대부분 이러한 강의가 이루어지고 있습니다. 모든 선생님, 교수님께서 말로는 자유로운 생각을 하는 것이 중요하고 자신의 독특한 주장을 할 수 있는 것이 중요하다고 합니다. 하지만 시험을 볼 때 어떠한 사상에 대해 비판을 하라는 문제에서도 그 비판에 대해 가르치고 그 비판을 외워서 시험을 치게 만듭니다. 정작 그 자리에서 비판해서 쓰는 경우는 없습니다.

여러분은 여러 유형의 시험문제를 많이 보셨을 겁니다. 여러분은 전혀 엉뚱한 것을 배우고 시험치고 있습니다. 시험이라는 것 때문에 정작 가르쳐야 할 지식을 가르치지 않고, 엉뚱한 지식을 엉뚱한 방법으로 가르치고 있고, 여러분들은 시험 점수를 잘 받기 위해 기계처럼 외우고 있습니다. 대부분의 교과들이 엉뚱한 대답을 가르치고 있는 것을 끊임없이 목격하고 있습니다. 중학교, 고등학교 때 여러분이 배운 지식들은 엉뚱한 지식들을 배웠다고 할 수 있습니다. 엉뚱한 시를 가르치고, 엉뚱한 과학 지식을 가르치고, 엉뚱한 수학 푸는 방법(요령)을 배우는 등등. 그리고 국어는 말하기, 듣기, 쓰기, 읽기를 가르쳐야 하는데 이것은 하나도 가르치지 않고 엉뚱한 것을 가르치고 있다는 것입니다.

여러분이 배워온 지식의 상당한 정도는 엉뚱한 지식입니다. 그 사이에 여러분은 영혼 없는 존재가 되어가고 있는지도 모릅니다. 영혼 없는 존재만 되면 문제가 없는데, 그 영혼이 없는 곳에 어떤 것이 비집고 들어가느냐가 중요합니다. 그 부분에 돈과 권력이 비집고 들어갑니다. 돈과 권력이 비집고 들어가면 우리의 목적은 명확해집니다. 돈 많이 벌 수 있는 직업을 얻기 위해서,

높은 자리를 차지하기 위해서 공부를 합니다. 원래의 공부 목적은 사라지고 이상한 목적이 자리를 잡게 됩니다. 이것은 누가 가르쳐 주지 않아도 우리의 삶 속에서 저절로 획득되는 것입니다. 그래서 여러분들이 무슨 목적을 가지고 강의를 듣는지, 대학에 왜 와 있는지, 대학 학과를 선택할 때 어떤 기준으로 선택을 했는지, 어떤 목적의식을 가지고 선택했는지 반성해 보면 아마도 대부분의 사람들이 내 성적 가지고 가능한 한 돈 벌 수 있는 학과, 권력을 잡을 수 있는 학과를 선택하려고 노력했을 것입니다. 나는 무엇을 잘할 수 있고, 어떻게 사는 것이 나답게 사는 것이라는 것을 인지하고 학과 지원을 하는 것이 아니라 이 학과를 가면 장래에 돈 벌 가능성이 많다, 그리고 장래에 높은 자리에 위치할 가능성이 많다, 라는 생각으로 대학에 와 계실 겁니다.

결국은 지금까지 공부하는 동안에 지식의 뜻도 제대로 모르면서 암기했을 뿐만 아니라, '나' 가 없습니다. 차라리 그런 공부가 없었더라면 좋았을 걸. 그러면 그 시간에 뛰어놀며 서서히 자기가 어떤 존재인가 하는 생각을 가졌을 것이라고 생각합니다. 직접 세상에 부딪쳐 봐야 내가 누군지 알 수 있는데, 지금은 아침 7시부터 밤 12시까지 계속 책만 들여다보면서 암기하도록 되어있습니다. 여러분이 세상과 부딪치면서 내가 어떤 존재인지를 탐구하고 생각할 시간을 전혀 주지 않습니다.

여러분은 교과서에 있는 지식을 공부할 때 어떤 태도를 가지고 있습니까? 전부 다 진리라는 생각을 가지고 죽도록 외우고 있습니다.

지식을 보는 두 개의 관점 - 진리로서 지식, 의미로서 지식

세상의 모든 지식은 어떤 것에 대한 진리가 있는 것이 아니라, 우리의 삶에 비추어서 끊임없이 의미를 발견해낸 것들이 우리의 앎이요, 우리의 지식이라고 말할 수 있습니다. 그러면 교과서에 있는 지식을 배울 때에도 진리로서가 아니라, 나의 삶을 어떤 식으로 변화시켜야 하고, 바꿔야 하고, 내 삶과 관련을 맺는 것으로 이루어지는가에 대한 고민을 해보아야 합니다. 하지만 지금까지 우리가 해온 공부 방식에 익숙한 나머지 교과서의 내용을 외우면 공부를 다 했다는 생각을 갖고 있습니다. 아마 여러분 중에도 의미도 모르면서 그냥 외워온 지식이 한두 가지가 아닌 사람이 있을 것입니다. 상당히 많은 지식이 여러분 속에는 아무런 의미 없이 들어차있을 것입니다. 그렇기 때문에 공부가 재미도 없고, 배우고 나면 바로 잊어버리는 악순환이 계속되고 있습니다.

인간은 완전히 아는 것도 전혀 모르는 것도 없다

　예를 들어 우리는 어떤 사물을 보고, '코카콜라병이다.' 라고
하는 것이 잘 안다고 생각할 수 있습니다. 그런데 그 경우 코카
콜라병이 앞으로 무엇으로 쓰일지는 아무도 알 수 없습니다. 굉
장히 많은 변화와 발전 가능성을 가지고 있습니다. 우리가 대하
는 모든 사물이 그렇습니다. 지금 듣고 있는 이 강의가 어떤 효
과로 어떻게 여러분의 삶에 영향을 미칠지는 아무도 알 수 없습
니다. 여러분이 만나는 한 사람, 한 사람도 여러분에게 어떤 의
미를 주고 어떻게 여러분을 변화시킬지는 알 수 없습니다. 사랑
이라는 것을 예로 들어보면, 그냥 지나치던 사이가 어떠한 계기
로 아는 사람이 되고, 서로 사랑하는 사이가 되어서 사귀게 되
고, 결혼, 헤어짐 등등 앞으로 일어날 일에 대해서 아무도 알지
못합니다. 이 수많은 변화의 과정을 겪을 가능성을 여러분은 가
지고 있습니다. 각각의 과정에서 우리가 어떤 생각을 가지고 어
떤 관계를 가지느냐에 따라서 굉장히 다양한 모습으로 변하게
됩니다. 이 변화의 과정 하나하나가 공부라면, 우리는 그 공부
과정을 통해서 삶의 세계를 새롭게 만들 수 있고, 삶의 세계 한
가운데 있는 것이 바로 '나' 라고 말할 수 있습니다. 이 과정을
거치지 않고는 나를 쳐다볼 방법이 없습니다. 책에 있는 지식을
외웠다고 해서 내가 보이지는 않습니다. 그 지식을 가지고 끊임

없이 치열하게 사고하고, 탐구해야 됩니다. 그냥 외웠다고 '나'가 생기지 않습니다. 지식이라는 것은 외워서 습득하는 것이 아니라, 생각하고, 사고하고, 탐구해서 내 것으로 만들어야 하는 것입니다. 음식 섭취하는 것에 비유하자면 삼키는 것이 아니라 씹어 먹고 소화시켜야 한다는 말입니다.

인간은 무엇을 대하든지 단번에 아는 것이 아니라 자신의 경험을 통해 계속 알아나갑니다. 그런 의미에서 우리의 앎은 단번에 아는 것이 아니라 항상 아는 것과 모르는 것이 같이 섞여 있습니다.

우리가 접하는 모든 지식은 씹을 수 있는 것입니다. 암기하려고 하는 것이 아니라 되새김질하는 동물처럼 질근질근 씹어야 합니다. 한마디로 '사고한다' 라고 할 수 있습니다. 지식도 소의 되새김질과 같다고 생각합니다. 외워서 머릿속에 집어넣은 지식은 앎이 아닙니다. 지식을 씹어야 합니다. 음식을 먹기 위해서는 이로 씹어야 하지만 지식을 씹기 위해서는 '나' 가 드러나야 합니다. 만약 우리가 어릴 때부터 지식을 질근질근 씹는 방법을 가르쳤더라면 지금쯤 여러분의 자아가 꽤 형성되었을 것입니다. 차라리 교육이 공부라는 이름으로 여러분을 가두지 않고 방목했더라면 씹는 힘이 생겼을 텐데 암기하느라고 여러분은 여러분 스스로를 표현하고 지식을 씹을 기회를 갖지 못했습니다. 그런데 문제는 대학에 와서도 계속 이런다면 어떻게 될까 하는 것입니다.

그래서 저는 학생들에게 계속 씹을 것을 주장합니다. 씹게 되면 생각을 하는 것이고, 생각을 하게 되면 소화가 되지 않는 것들이 있습니다. 이것들은 계속 씹어주어야 합니다. 왜 소화가 되지 않을까? 이것이 질문입니다. 바로 소화가 되는 것이 바람직하지만은 않습니다. 바로 소화가 된다면 배울 가치가 없는 것입니다. 이미 다 알고 있는 것입니다. 무엇을 배웠는데 잘 몰라야 합니다. 무엇을 배웠는데 잘 모른다, 그럼 씹어야 합니다. 씹다 보면 무엇인가 걸리는 것이 생길 것입니다. 그런 부분에 대해서 질문을 하는 공부를 해야 한다는 것입니다. 질문을 갖게 되면 암기가 잘 되고, 안 보이던 것들을 보게 되고, 이미 알고 있던 것을 낯선 것으로 만듭니다. 또한 끊임없이 사고하게 됩니다.

내가 누구인가를 안다고 해서 꼭 잘 산다는 것은 아닐지 모릅니다. 하지만 잘 살려고 하는 사람은 내가 누구인지를 알아야 하고 내가 어떤 삶을 살아 나가는 것이 바람직한 삶인지 알아야 합니다. 이것을 아는 것은 결코 쉽지 않습니다. 내가 누구인지를 아는 것은 주제 파악을 할 줄 알아야 하고, 분수를 알아야 합니다. 이것이 인문학적 공부의 핵심입니다.

인문학적 공부를 하게 되면 자신의 무지를 진실되게 그리고 솔직하게 깨닫게 됩니다. 인정하게 됩니다. 그동안 내가 몇 가지 지식을 외운 것 때문에 세상의 진리를 아는 것처럼 생각한 것에 대해서 얼마나 오만했었던가를 알게 되고, 굉장히 겸손한 마음으로 배우는 태도가 생깁니다. 그렇게 되면 드디어 어느 정도 주제 파악을 하게 되고, 분수를 알기 시작합니다.

이때부터 자신의 무지와 혼신의 힘을 다해서 배워야 한다는 것을 깨닫고 열심히 공부를 해야 큰 배움을 얻을 수 있습니다. 이렇게 되기 시작하면 자기 자신이 보이기 시작합니다. 자기 자신이 보이기 시작하면 평생 내가 누구인가를 탐구하는 태도를 가지게 됩니다. 이 자아는 계속 변화합니다. 여러분은 살아가는 동안 자아를 탐색해야 합니다. 자아 탐구라는 것은 제자리에 머물러 있는 것이 아닙니다. 이 말은 즉, 지금의 자아 발견에서 끝나는 것이 아니라, 살아가는 동안, 죽을 때까지 자아 탐구는 계속되어야 합니다. 그리고 자아 탐구가 되는 만큼 여러분의 삶은 의미 있고 사람다운 삶을 살게 될 것이고, 여러분은 행복한 삶을 살 수 있다고 말할 수 있습니다. 자아 탐구를 하는 삶은 인문학적 탐구의 삶을 살아가는 것이라고 볼 수 있고, 인문학적 탐구의 삶은 우리가 흔히 말하는 교육이라고 볼 수 있습니다.

교육을 볼 때 인문 교육과 직업 교육 두 가지를 볼 수 있습니다. 여러분은 인문 교양 교육을 해오셨습니까? 인문 교양 교육을 할 준비가 되어 있습니까? 직업 교육은 직업만 가지면 끝날지 모릅니다. 물론 직업이라는 것도 계속 발전적이기 때문에 직업을 승화하기 위한 공부를 계속해야 됩니다만 그만큼 중요하게 내가 누구이며 어떤 삶을 살아야 되는가를 묻는 인문 교양 교육이 평생 계속되어야 합니다. 그리고 정말 중요한 것은 인문 교양 교육이라는 공부가 깊다는 것을 깨닫는 것입니다.

공부가 어느 선에 이르기 전에는 직업 교육이 더 중요하다고 생각하고, 인문 교양 교육이 중요하다고 생각하지 못합니다. 이것에 중요한 함정이 있습니다. 여러분은 지식 가지고 직업을 구한다는 것이 중요하다고 생각하지 않습니다. 인문 교양 교육이 중요하다는 생각도 잘 못합니다. 이것이 중요하다고 깨닫지 못하면 아직은 내 인문 교양 교육의 수준이 낮구나, 굉장히 열심히 공부해서 인문 교양 교육이 중요하다는 것을 깨닫는 단계까지 이르러야 비로소 여러분은 어떤 점에서 정상적인 성인이 되었다고 말할 수 있습니다. 이 수준까지 이르면 자아 탐구를 하지 말라고 해도 계속하게 될 것입니다.

오늘 강의의 요점은, 우리에게는 직업 말고도 인간으로 사는 또 하나의 측면이 있다는 것입니다. 직업에만 열을 올리고 인간으로 살아야 하는 것과 관련된 또 하나의 측면이 결여된다면 그 순간부터 여러분의 삶은 정체된 상태에 있게 되고, 그만큼 불행한 삶을 살고 있다고 말할 수 있습니다. 행복하고 싶습니까? 지금까지 해온 공부의 방향에서 벗어나서 인문 교양 교육을 추구하는 인문학적 정신을 함양하는 만큼 여러분은 행복해질 수 있습니다. 그리고 인문학적 교육은 계속되어야 합니다. 교사로서,

교육자로서 여러분 모두가 행복하기를 바랍니다. 그리고 이 답은 제가 평생을 살아오면서 공부하고, 또 공부해서 찾은 답입니다. 이 답이 여러분 삶에 행복을 줬으면 좋겠습니다.